U0145309

經濟學 下午茶

Economics for Office workers

經濟鮮師──鍾文榮 著

五南圖書出版公司 印行

自序

上班族關心什麼議題？從近到遠，可以從薪資到國際局勢，當然也會加入一些較軟調的議題，如愛情與運動賽事。

我常和同事及朋友們交流一些經濟問題，上至國際經濟到國家政治和經濟局勢，下到日常經濟問題，都可以是談話的議題，而我最常被問到的問題是物價與房價的趨勢，正因為這兩件事乃是上班族除了薪資待遇之外最關心的議題。

上一回《巷子口經濟學》所關心的的角度是民生生活，相對比較庶民化一些，但場景換到辦公室中，關心的議題就不僅僅是食衣住行的問題，有時候必須更宏觀一些，更國際化一些；《上班族經濟學》和《巷子口經濟學》本來就是相呼應的，差異性僅在於關心的角度稍微不同。

《上班族經濟學》分為五大部分，從大家最關心的「民生經濟學」開始，薪資、物價、景氣和消費等，都是上班族最關心的幾大議題。「辦公室經濟學」三篇談的是管理的問題，重新改寫我過去發表在《經濟日報》的幾篇文章。至於「愛情經濟學」不是談辦公室戀情，主編為了加入點流行感，請我分析了一下九把刀「那些年，我們一起追的女孩」，女主角沈佳宜和柯景騰的關鍵對話，光為了這一點，電影不知看了幾回。「休閒經濟學」以三篇時事來探討觀光稅、周杰倫的演唱會與世足賽的經濟問題。最後的「全球經濟學」談了勞動條件、薪資與所得比較敏感的話

題，進行世界性的比較。

怡克納米斯在這本書中照例和我一起對話，很多讀者以為怡克納米斯是真實存在的一個人，但上回在出版社的文宣中不小心「露了餡」，其實怡克納米斯根本不存在，是我十幾年來刻意擬人化的一個虛擬人物，就像在玩第二人生(Second Life)一樣，需要有個可以代言的角色，就這樣誕生出怡克納米斯。他的角色其實綜合很多人的特質，包含我自己，以及曾經教過我的多位老師，當然，我也賦予他如經濟學一樣，冷到不行的理性。

但有趣的是，讀者來信都是指明向怡克納米斯詢問相關問題，連在中國大陸的網路上，經常被轉載「怡克納米斯曾經說過⋯⋯」這樣的文章，似乎，他就是應該存在的一個人。

這幾年來，我和怡克納米斯幾乎已經快不分彼此，甚至有時候我會以為，倒底是誰在說話？誰在主導思維？就像很多時候，我必須深入思考，這時候我常會以為，如果是怡克納米斯，他會怎麼想？

演變至此，已經愈來愈好玩了⋯⋯

操作一本科普經濟不是一件很簡單的事，正因為科普經濟學是一種市場屬性的書，不像教科書只需談理論即可，不僅要有理論，還得要有故事性與新聞性，易言之就是話題性。而怡克納米

斯與我之間，其實扮演著辯證的角色，很多事理，必須透過辯證才能得出一些端倪，《上班族經濟學》和《巷子口經濟學》即是透過這種方式，企圖引領讀者進行邏輯的思辯。當然，也就沒有像教科書一樣，需要徹頭徹尾解釋很多理論，只是透過怡克納米斯信手拈來的經濟理論，進行批判，或者是歸納分析。但為了讀者方便索引，仍把相關的理論或參考資料以附註的方式供大家查詢。

　　同時，也感謝各位讀者過去對《巷子口經濟學》的支持，以及出版社願意再度出版這一本不太一樣的書。

鍾文榮

2013年1月

目錄

Part 3
愛情經濟學

Part 4
休閒經濟學

Part 5
全球經濟學

Part 1 民生經濟學

01

景氣與收入

我出門前一定要看氣象報告，再決定我當天是開車還是騎機車（順道兜風）上班，然我車上和辦公室一定有傘，還有一套雨衣和輕便雨鞋，同事笑我說一定要如此的「未雨稠繆」嗎？我僅僅是認為每個人要有危機意識，正因為天有不測風雲，何時要變天，沒人料得準，多一分準備總是沒錯。

有一回，對公司的高階主管進行教育訓練，談的就是景氣，我開頭就說，「出門看天氣，進門看景氣。天知地知，你不看就不知。」天氣和景氣一樣，總不能都是靠運氣，搏一下機率。

我每個月都要撰寫全球景氣分析報告，若要看美國景氣，除了美國的失業率[1]（維持物價與失業率穩定是美國聯邦準備理

1　勞工部統計局(U.S. Bureau of Labor Statistics)公布的《就業狀況報告》(Employment Situation Summary)，是最重要的一項經濟指標，這份報告包含兩個相當重要統計數據，即是失業率和非農業就業人口的每月變化，其中，失業率的問題對於股票與債券價格的波動相當劇烈，道瓊指數即是在《就業狀況報告》公告一個小時後開始交易，只要報告指出失業率攀高，股票市場就會出現大量的賣壓。

圖1 經季節調整後的美國失業率趨勢圖(2010.12~2012.09)

資料來源：勞工部統計局《就業狀況報告》，2012.10.05

事會的兩大基本任務）之外，為了瞭解美國在全球金融風暴後房地產的復甦情況，我每個月經常要看的是美國新屋開工年率(Housing Starts)與營建許可年率(Building Permits)。初步分析一下，假定美國房市持續復甦的話，美國的房地產要復甦到健康的狀況，大約需20個月（約到2014年的年中），以上的資料可以在每個月的月初，於美國商務部普查局(United States Census Bureau[2])取得最新的資料。若針對製造業的景氣，則以採購經理人指數(Purchasing Managers Index, PMI[3])為首要觀察目標。

---

[2] 美國商務部普查局Building Permits Survey，網址：http://www.census.gov/construction/bps/。

[3] PMI指數可由Markit Economics得到相關的資料，網址http://www.markiteconomics.com/Survey/Page.mvc/PressReleases，針對美國PMI則以

OECD綜合領先指標(CLIs)

　　若要觀察主要國家的經濟景氣，除了各國的統計單位會逐月公告外，OECD[4]每月針對成員國所發佈之「綜合領先指標」(Composite Leading Indicators, CLIs)亦可以充做為當前全球景氣的參考。

　　圖2是OECD在2012年10月8日所發佈的CLIs，從圖中可以發現在2012年的上半年，CLIs指數從2011年中急降之後大約停留在100附近。從趨勢來看，金融風暴後的波峰約在2011年的第一季，其後就未見落底，而OECD的新聞稿也指出，日本、美國表現尚高於長期趨勢值(CLIs=100)，惟從趨勢來看，CLIs仍有放緩與下滑的風險，在10月份的報告指出，甚至連俄羅斯和加拿大也出現明顯的下行趨勢。

　　至於，CLIs是否持續下修，短期趨勢看起來的可能性相當高，然世事難料，長期趨勢很難料得準。

　　同一時間來看中國大陸、法國、德國、加拿大、英國和歐盟就不是這麼理想，CLIs值低於長期趨勢，尤其是義大利下滑的趨勢更是嚴重。同樣受歐、美債的影響，過去以外銷為導向的中國大陸的CLIs值亦低於長期趨勢。從這裡也可以推論出兩岸投資與

　　Institute for Supply Management(ISM)為主，網址為http://www.ism.ws，分為製造業(Manufacturing ROB)與非製造業(Non-Manufacturing ROB)。

4　經濟合作與發展組織(Organisation for Economic Co-operation and Development, OECD)是全球34個市場經濟國家組成的政府間國際組織，總部設在巴黎。OECD包括已開發國家、新興國家等共34個成員國，合計約佔全球GDP之70%。

貿易量，亦會受中國大陸不景氣所影響而下滑。這證明一件事，
當世界是平的，全球化之後的世界經濟景氣，經常是牽一髮而動
全身，每一個國家都很難置身事外。

　　另外一方面，我們也可以從表1知道各國的CLIs值。

　　整體來看，只有美國與日本（在釣魚台事件後引發的大陸抗
爭活動，恐會大量的影響中日貿易與投資活動，對於2013年的總
體經濟應該會有不利的影響）高於長期趨勢值，但值得觀察的
是，OECD另外提出金磚四國（巴西、中國、印度及俄羅斯）的
CLIs值同時「減速」時，是除了歐、美債務問題之外的另一個隱
憂。正因為金磚四國國土面積佔世界領土總面積的26%，人口佔

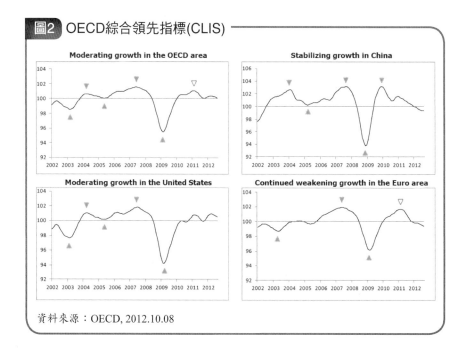

圖2　OECD綜合領先指標(CLIS)

資料來源：OECD, 2012.10.08

表1 OECD綜合領先指標(CLIS)統計表

	Ratio to trend, amplitude adjusted (long term average =100)					Month on Month change (%)					Year on Year change (%)	Growth cycle outlook
	2012					2012					Latest month	
	Apr	May	Jun	Jul	Aug	Apr	May	Jun	Jul	Aug		
OECD Area	100.4	100.3	100.2	100.2	100.1	-0.02	-0.05	-0.08	-0.08	-0.07	-0.12	moderating growth
Euro Area	99.7	99.7	99.6	99.5	99.4	-0.05	-0.08	-0.09	-0.10	-0.10	-1.18	weakening growth
Major Five Asia*	99.6	99.4	99.3	99.3	99.2	-0.15	-0.13	-0.10	-0.08	-0.06	-0.93	weak growth
Major Seven	100.5	100.4	100.3	100.2	100.1	-0.03	-0.08	-0.10	-0.10	-0.08	-0.14	moderating growth
Canada	99.8	99.7	99.6	99.6	99.6	-0.02	-0.06	-0.07	-0.06	-0.03	-0.45	weak growth
France	99.8	99.7	99.6	99.6	99.5	-0.05	-0.05	-0.06	-0.08	-0.10	-1.09	weakening growth
Japan	100.8	100.7	100.5	100.4	100.3	-0.05	-0.11	-0.14	-0.15	-0.14	-0.09	moderating growth
Germany	99.8	99.6	99.4	99.1	98.9	-0.07	-0.15	-0.22	-0.26	-0.25	-1.84	weakening growth
Italy	99.2	99.0	98.9	98.9	98.8	-0.19	-0.16	-0.11	-0.07	-0.04	-2.23	weakening growth
United Kingdom	99.7	99.8	99.9	100.0	100.1	0.08	0.08	0.10	0.13	0.13	0.01	growth picking up
United States	100.9	100.8	100.7	100.6	100.5	-0.01	-0.08	-0.11	-0.10	-0.06	0.59	moderating growth
Brazil	98.8	98.9	99.1	99.3	99.5	0.18	0.13	0.15	0.18	0.19	0.59	growth picking up
China	99.6	99.4	99.4	99.4	99.4	-0.17	-0.12	-0.05	0.00	0.01	-1.23	stabilizing growth
India	98.3	98.1	97.8	97.6	97.5	-0.26	-0.26	-0.24	-0.21	-0.16	-1.50	weak growth
Russia	101.1	100.3	99.6	99.1	98.8	-0.60	-0.73	-0.69	-0.51	-0.30	-3.04	weak growth

* China, India, Indonesia, Japan and Korea.
**CLI data for 33 OECD member countries and 6 OECD non-member economies are available at:

資料來源：OECD, 2012.10.08

世界總人口的42%，GDP佔世界總量的14.6%，貿易額佔全球貿易額的12.8%，按購買力平價計算對世界經濟增長的貢獻率已超過50%。只要這四個新興國家的經濟成長減速，也就是對於全球歐美債所引發的需求不振再投下一個不確定因素，所引發的問題，恐有機會再度抑制全球經濟成長。

金磚四國為什麼重要？

金磚四國為什麼這麼重要？這個問題我曾問過怡克納米斯，雖然他過去很少針對總體經濟發表過意見，但也不代表他對總體經濟不表關心。

怡克納米斯提出一份資料顯示，根據中國大陸社會科學文獻

出版社在2011年4月7日所發布的《新興經濟體藍皮書：金磚國家經濟社會發展報告(2011)》，此份報告指出，若按照市場匯率估算，金磚四國（不含南非）的GDP總量將從2008年占世界總量的15%上升到2015年的22%，也就是說金磚四國的經濟總量將超過美國，同時四國的GDP增量也將占世界增量的三分之一強。

我一直以來有一個疑惑，即是為何新興國家的經濟成長對國際經濟與景氣的影響這麼劇烈？我只好趁機向怡克納米斯提問。

怡克納米斯提出說明：「新興國家經濟成長動能，在當已開發國家的經濟成長從高原期走向衰退期時，以成長率的相對性而言，新興國家當然非常出色。然從經濟發展史來看，當一個國家走到成長期時，GDP成長率當然非常可觀，惟這並非什麼『經濟奇蹟』，只是一條『必經之路』而已罷了！」

圖3 世界各國2007年GDP估計（按當年價格計算）

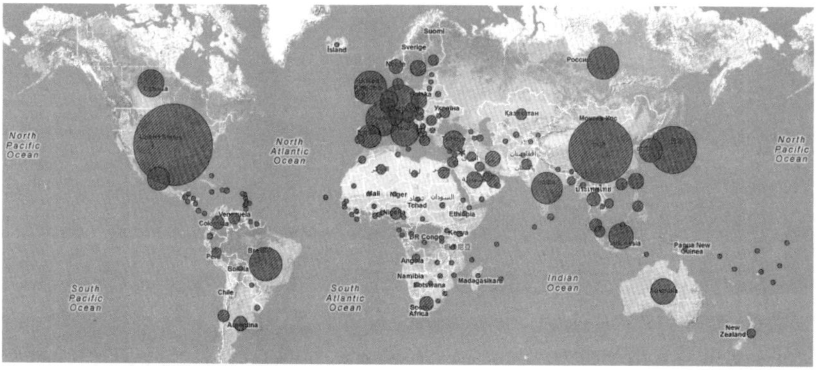

Data from IMF, April 2012 WEO, Last updated: Aug 20, 2012

　　他提出以國際貨幣基金(IMF) 的各國GDP的演進圖[5]為例，就可以清楚知道新興國家GDP的發展，在量值的成長上，是相當顯目的。

　　他另以金磚四國的GDP表現來看，根據IMF的資料估計（如圖4所示），2012年金磚四國的GDP總量佔世界總量的17%，2015年為22%，到2017年達到23%。

　　因此，怡克納米斯認為，當歐債問題遲遲未解，而美國經濟景氣尚未完整復甦時，卻有金磚四國經濟景氣同時減速的隱憂在側，以短時間來看，全球景氣要復甦，其實仍有一段路要走。

　　另外，他認為單單只看臺灣的內部經濟，在經濟結構仍是以外銷導向的情況下，臺灣的經濟成長仍深深受限於國際性的總體經濟走勢，在對外貿易上受挫（有可能是因為國際景氣與需求不振，也有可能是企業對外競爭力不足）下，臺灣短期的經濟成長表現，當然是有危機的。

德國ifo世界經濟景氣指數

　　怡克納米斯建議，除了觀察OECD的CLIs值之外，德國ifo世界經濟景氣指數(ifo World Economic Climate)亦值得同時觀察。

　　ifo世界經濟景氣指數由德國ifo經濟研究所(CESifo Group) 定期每季發布。ifo調查要專家回答的問題很簡單，問卷分當期和未來六個月兩個部分，當期部分調查整體經濟、資本支出和民間消費三個項目，未來六個月部分增加出口、物價、長短期利率、

---

[5] IMF的統計資料可以在Google的Public Data中找到相關統計資料。

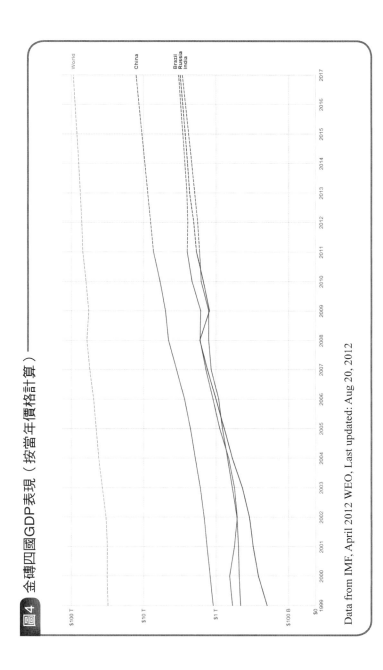

圖4　金磚四國GDP表現（按當年價格計算）

Data from IMF, April 2012 WEO, Last updated: Aug 20, 2012

匯率和股價等項目。ifo的調查係屬定性調查，受訪者針對問項只須就「轉好」（上升、增加）、「相同」（不變、理想）、「轉壞」（下降、減少）中擇一回答，再視答案分別給予9、5、1三種不同分數，最後即可加總和平均。若分數介於1至3.5分，表示多為負向或趨勢下降；若分數介於6.5至9分，表示多為正向或趨勢上升。指標衰退代表景氣趨緩，低於長期平均值則代表惡化。

　　ifo在2012年8月16日發佈2012年第三季ifo世界經濟景氣指

圖5　ifo世界經濟景氣，2012年第三季

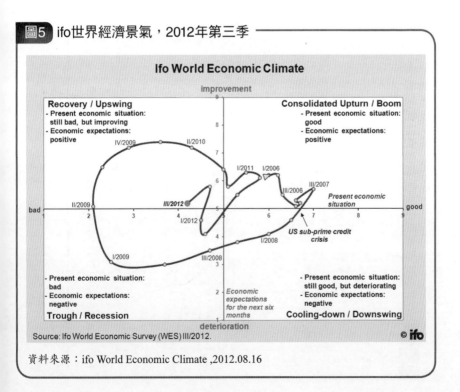

資料來源：ifo World Economic Climate ,2012.08.16

數，標題是「世界經濟景氣遭受挫折」(World Economic Climate Suffers Setback)」，經過兩年連續增長，在2012年第三季ifo世界經濟景氣指數出現下降。若按圖5的景氣走勢，2012年的第三季世界經濟景氣經過短暫的復甦與成長（2010年第四季到2011年第三季），2011年第四季到2012年的第一季走到第三象限（左下）的不景氣(Trough/Recession)，再走到第二象限的復甦期(Recovery/Upswing)，然勢頭急轉往下，第四季後有可能再度落到不景氣（2012年第四季資料公佈，實際指標持續落到臨界點上）。

　　以圖6的2012年第三季所公布的ifo全球經濟指數來看，世界

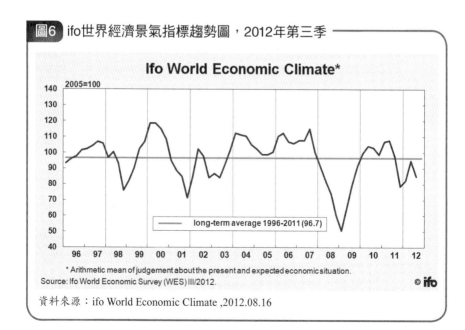

圖6 ifo世界經濟景氣指標趨勢圖，2012年第三季

資料來源：ifo World Economic Climate ,2012.08.16

經濟景氣在2007年開始跌落谷底，這段時間尚未發生全球金融風暴，但由次級房貸所引爆的全球金融風暴卻是在2007年開始發難，到2008年9月引爆，剛好也反應在圖6的趨勢中。我們可以見到在2007年的線形圖中，世界經濟景氣已經開始下滑，逼近到長期平均水準線。因此，ifo全球經濟景氣指數動向與景氣循環是相當吻合的，且有先期指標的看法。

　　同時，在2012年第三季，經過前兩季的成長趨勢後，再度勢頭往下，代表未來景氣恐怕會受挫（2012年第四季的資料顯示持續衰退中，得分為82.4），這也可以印證國際貨幣基金(IMF)在2012年10月9日東京年會發佈新聞稿，並下修過去的經濟成長預測值（表2）：

(1) 2012年的全球增長率下調為3.3%；

(2) 世界貿易增長低迷，對新興市場和發展中國家造成不利影響，如果歐元區危機和美國的「財政懸崖」得到解決，經濟前景可能會有所改觀；

(3) 全球經濟前景更為黯淡，經濟前景已進一步惡化，風險有所加劇，2013年的增長仍將乏力，預測增長率下調3.6%。

　　ifo報告指出，就個別區域而言，2012年第三季北美、西歐、亞洲三大區域的經濟景氣指數都較上季下降，西歐和北美的經濟景氣指數下跌，主要是由於經濟表現遠低於期望；在亞洲，金融風暴後出現強勢反彈，但2012年第三季有小幅度的向下修正，展望未來半年的經濟前景仍然樂觀。

表2 IMF經濟預測

	Year over Year		Projections		Difference from July 2012 WEO Update		Q4 over Q4 Estimates	Projections	
	2010	2011	2012	2013	2012	2013	2011	2012	2013
World Output[1]	**5.1**	**3.8**	**3.3**	**3.6**	**-0.2**	**-0.3**	**3.2**	**3.0**	**4.0**
Advanced Economies	**3.0**	**1.6**	**1.3**	**1.5**	**-0.1**	**-0.3**	**1.3**	**1.1**	**2.1**
United States	2.4	1.8	2.2	2.1	0.1	-0.1	2.0	1.7	2.5
Euro Area	2.0	1.4	-0.4	0.2	-0.1	-0.5	0.7	-0.5	0.8
Germany	4.0	3.1	0.9	0.9	0.0	-0.5	1.9	0.9	1.4
France	1.7	1.7	0.1	0.4	-0.2	-0.5	1.2	0.0	0.8
Italy	1.8	0.4	-2.3	-0.7	-0.4	-0.4	-0.5	-2.3	0.0
Spain	-0.3	0.4	-1.5	-1.3	-0.1	-0.7	0.0	-2.3	0.2
Japan	4.5	-0.8	2.2	1.2	-0.2	-0.3	-0.6	1.6	2.1
United Kingdom	1.8	0.8	-0.4	1.1	-0.6	-0.3	0.6	0.0	1.2
Canada	3.2	2.4	1.9	2.0	-0.2	-0.2	2.2	1.7	2.2
Other Advanced Economies[2]	5.9	3.2	2.1	3.0	-0.4	-0.4	2.4	2.3	3.6
Newly Industrialized Asian Economies	8.5	4.0	2.1	3.6	-0.6	-0.6	3.0	3.2	3.5
Emerging Market and Developing Economies[3]	**7.4**	**6.2**	**5.3**	**5.6**	**-0.3**	**-0.2**	**5.7**	**5.5**	**6.2**
Central and Eastern Europe	4.6	5.3	2.0	2.6	0.1	-0.2	3.6	1.9	3.3
Commonwealth of Independent States	4.8	4.9	4.0	4.1	-0.1	0.0	4.3	2.9	4.8
Russia	4.3	4.3	3.7	3.8	-0.3	-0.1	4.6	2.5	4.8
Excluding Russia	6.0	6.2	4.7	4.8	0.2	0.2	. . .	. . .	. . .
Developing Asia	9.5	7.8	6.7	7.2	-0.4	-0.3	6.9	7.2	7.4
China	10.4	9.2	7.8	8.2	-0.2	-0.2	8.9	7.9	8.1
India	10.1	6.8	4.9	6.0	-1.3	-0.6	5.0	5.5	5.9
ASEAN-5[4]	7.0	4.5	5.4	5.8	0.0	-0.3	2.8	7.2	6.6
Latin America and the Caribbean	6.2	4.5	3.2	3.9	-0.2	-0.3	3.7	3.0	4.6
Brazil	7.5	2.7	1.5	4.0	-1.0	-0.7	1.4	2.9	3.8
Mexico	5.6	3.9	3.8	3.5	-0.1	-0.2	3.9	3.2	4.1
Middle East and North Africa	5.0	3.3	5.3	3.6	-0.2	0.0	. . .	. . .	. . .
Sub-Saharan Africa[5]	5.3	5.1	5.0	5.7	-0.1	0.0	. . .	. . .	. . .
South Africa	2.9	3.1	2.6	3.0	0.0	-0.3	2.6	2.7	3.3
Memorandum									
European Union	2.1	1.6	-0.2	0.5	-0.2	-0.5	0.8	-0.2	1.2
World Growth Based on Market Exchange Rates	4.1	2.8	2.6	2.9	-0.1	-0.3	2.3	2.2	3.3
World Trade Volume (goods and services)	**12.6**	**5.8**	**3.2**	**4.5**	**-0.6**	**-0.7**	. . .	. . .	. . .
Imports									
Advanced Economies	11.4	4.4	1.7	3.3	-0.2	-0.9	. . .	. . .	. . .
Emerging Market and Developing Economies	14.9	8.8	7.0	6.6	-0.8	-0.4	. . .	. . .	. . .
Exports									
Advanced Economies	12.0	5.3	2.2	3.6	-0.1	-0.7	. . .	. . .	. . .
Emerging Market and Developing Economies	13.7	6.5	4.0	5.7	-1.7	-0.5	. . .	. . .	. . .
Commodity Prices (U.S. dollars)									
Oil[6]	27.9	31.6	2.1	-1.0	4.2	6.5	20.8	3.7	-3.3
Nonfuel (average based on world commodity export weights)	26.3	17.8	-9.5	-2.9	2.6	1.4	-6.4	1.9	-5.4
Consumer Prices									
Advanced Economies	1.5	2.7	1.9	1.6	-0.1	0.0	2.8	1.7	1.7
Emerging Market and Developing Economies[3]	6.1	7.2	6.1	5.8	-0.2	0.2	6.5	5.6	5.3
London Interbank Offered Rate (percent)[7]									
On U.S. Dollar Deposits	0.5	0.5	0.7	0.6	-0.1	-0.2	. . .	. . .	. . .
On Euro Deposits	0.8	1.4	0.6	0.2	-0.1	-0.3	. . .	. . .	. . .
On Japanese Yen Deposits	0.4	0.3	0.4	0.3	0.0	-0.1	. . .	. . .	. . .

資料來源：World Economic outlook, IMF, 2012.10

圖7 ifo北美經濟景氣指標趨勢圖，2012年第三季

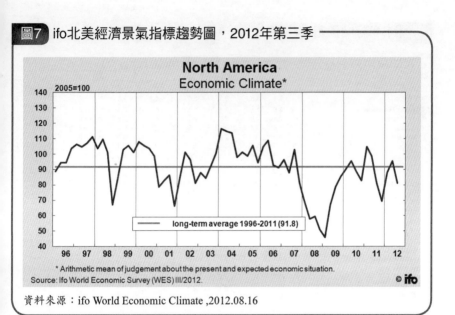

資料來源：ifo World Economic Climate ,2012.08.16

圖8 iifo西歐經濟景氣指標趨勢圖，2012年第三季

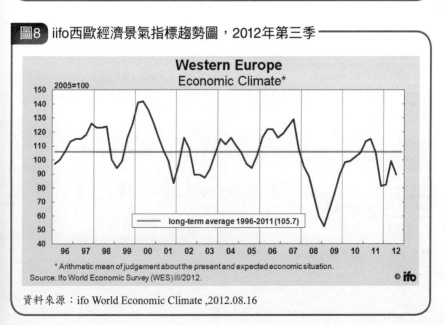

資料來源：ifo World Economic Climate ,2012.08.16

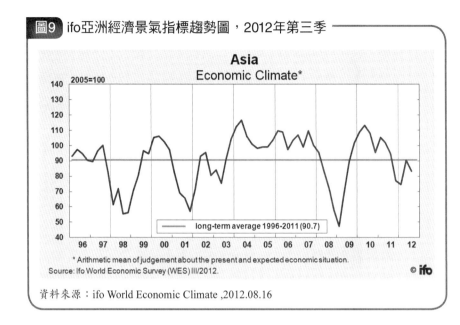

圖9 ifo亞洲經濟景氣指標趨勢圖，2012年第三季

資料來源：ifo World Economic Climate ,2012.08.16

臺灣的景氣對策信號

　　瞭解過世界經濟景氣之後，可以明顯知道2012年的經濟狀況真的很險峻，展望未來一年，經濟景氣變數仍然很大，外受歐美債，以及中國大陸經濟減速所影響，臺灣在2012年的GDP減速的機會相當高（根據主計總處於2012年11月的新聞稿指出，臺灣GDP 2012年全年GDP成長率預測值為1.13%），但撇開GDP不談，先來看看經建會所公布的「景氣對策信號」（2012年9月連10顆藍燈）。下文節錄自經濟會在2012年9月27日所發佈的新聞稿：

　　101年8月，生產面、貿易面指標逐漸脫離負成長，金融面、消費面指標轉弱情況也已漸趨緩和，餐飲、零售業皆持續成長；惟就業市場的情勢值得密切關注。領先、同時指標下滑，景氣對策信號分數由上月16分減為15分，燈號維持藍燈，顯示國內景氣仍處低緩。

　　展望未來，主要國家經濟成長力道仍然不足，但隨著歐洲央行(ECB)宣布收購公債、美國聯準會(Fed)推出第三輪量化寬鬆措施(QE3)，全球金融情勢應可緩步回穩；又最近新科技資訊產品陸續上市，可望帶動相關產業接單增加，有助我國出口動能的提升。內需方面，廠商投資意願仍待提振，實質薪資未能增加對民間消費的影響亦值得注意。政府已研議完成兼顧短期提振景氣、中長期強化經濟體質的「經濟動能推升方案」，並納入5場財經議題研商會議結論共識，提出5大政策方針與25項具體作法，亟應落實推動，發揮預期效益，促使經濟景氣逐步復甦。

　　經建會的新聞稿指出，未來臺灣的經濟成長率還是有望成長，惟廠商投資意願仍待提振。此外，實質薪資未能增加對民間消費的影響亦值得注意，也就是說貿易淨值雖有變數，只要歐美景氣仍夠持續復甦的話，貿易淨值仍有望持續成長，但受限於國內物價成長與實質薪資下挫導致的消費減緩，和民間投資有待提振，GDP仍有很多變數待克服。

臺灣的薪資成長狀況

　　景氣與上班族的收入息息相關，尤其是年終獎金更是緊貼著景氣榮枯與否來決定獎金的規模，但GDP增長後，上班族的收入成長，是否也能夠「與時俱增」呢？

　　怡克納米斯提出補充說明，他認為：「上班族當然關心薪資與收入，但必須澄清一個觀念，所謂的薪資應該更精確一點定義為實質薪資，而不是只是關心名目薪資的高低，這當中的差別在於物價水準，更具體一點來說，實質薪資代表的是購買力的問題。」

　　他進一步補充：「舉例來說，同樣一份工作，待遇都是一個月五萬元，但地點有別，一個在臺北市，另一個在高雄市，你選哪一個？」

　　站在經濟學的角度來看，怡克納米斯的說法是，當假定其它條件不變，只單純考慮收入，那麼這兩地的工作實際上無差異，但問題在於我們要假定那些條件「不變」？事實上，理性的人都會選擇高雄市，因為大家都知道臺北市的生活成本高，高雄市的生活成本低，如此一來，同樣的收入當然是選擇高雄市，因為高雄市的五萬元和臺北市的五萬元並不等值，這當中的差異就是生活成本的問題。

圖片來源：聯合知識庫

　　假定，臺北市與高雄市的生活成本比為120:100，也就是說臺北市的物價要比高雄市高出20%，以一份在高雄市五萬元的工作薪資來論，到臺北市至少要六萬元才划算。

　　除了薪資與收入，上班族另外關心的另一個議題當然是物價，正因為如上所述，物價關切著實質薪資與收入。

　　對於物價，怡克納米斯提出他的說明：「首先必須先澄清三個觀念，第一，物價上漲並非就是通貨膨脹，物價持續不斷地上漲才是通貨膨脹；第二，經濟社會進步，所得增加，消費增加之後，物價本來就會上漲；第三，物價上漲並非全然是價格機能，物價上漲也非一定是通貨膨脹。」

　　我認為他的說法相當正確，正因為理論經濟學認為價格機能應該可以如實發揮它的功能，但實際社會上並非如此。這也是經常當財經官員滿口「價格機能[6]」時，我經常會冒冷汗，正是因為官員多是學界理論出身，居廟堂之高，並無法深切瞭解到市場價格並非理論經濟學所講的那套，因此才會出現「與民觀感相悖」的現象。

　　但是為什麼這幾年，大家對於物價相當的敏感，覺得不太好受，或者，更認為會減損生活的幸福感呢？這是我對怡克納米斯提出的疑惑。

　　他認為，嚴格來論我上述這種說法恐怕有點偏頗，也就是說物價上漲和幸福感這兩件事來比較，當假定的情境不同，答案也不盡然相同。

---

[6] 經濟學認為，在市場中價格由供需兩方決定，稱為價格機能(Price Mechanism)。

　　「假定，所謂的幸福感，來自於每個人的可支配所得是否有成長，或者，放的更寬鬆一些，得視薪資（一般上班族的收入大部分來自於薪資）是否成長，而薪資成長幅度還得大過物價上漲程度，斯民才會有幸福感。」當談到「錢」與「收入」這種敏感議題，我不由得豎起耳朵，正因為一個小小的受薪上班族，主要收入來源還是那份看似不錯，但實際上愈來愈「薄」的薪資收入，當開源不易（尤其是景氣收縮）時，節流（物價上漲）更難。

　　從行政院主計總處提供的「受雇員工薪資調查統計」中得到2002年到2011年的「平均薪資」與「平均經常性薪資」（如表3所示），表面上看起來平均薪資和經常性薪資是有成長，但好

表3 近十年平均薪資與經常性薪資

時間	平均薪資	經常性薪資
2002	41,560	34,745
2003	42,082	34,802
2004	42,082	34,802
2005	43,194	35,385
2006	43,530	35,728
2007	44,440	36,334
2008	44,427	36,420
2009	42,156	35,619
2010	44,480	36,268
2011	45,686	36,801

資料來源：行政院主計總處

像成長幅度不怎麼高？十年來平均薪資增加4,126元，成長率為9%；經常性薪資增加2,056元，成長率為5.6%。似乎可以下一個定論，就是薪資成長「有感」的幅度，似乎不怎麼地高？

薪資的成長幅度大幅落後物價的成長

根據上述怡克納米斯的說明，光看薪資是否成長並無法確定斯民的幸福感是否還能夠「有感」，還須同時比較薪資與物價指數。

以2005年的薪資當成基數（2005年=100）和物價指數進行比較（如表4所示），將之繪製成折線圖以利比較兩者的走勢：

表4 薪資指數與物價指數比較（2005年=100）

時間	平均薪資指數	經常性薪資指數	物價指數
2002	95.47	97.25	95.89
2003	96.67	97.41	95.62
2004	96.67	97.41	97.17
2005	99.23	99.04	99.41
2006	100.00	100.00	100.00
2007	102.09	101.70	101.80
2008	102.06	101.94	105.39
2009	96.84	99.70	104.47
2010	102.18	101.51	105.48
2011	104.95	103.00	106.98

資料來源：行政院主計總處

圖10 薪資指數與物價指數比較（2005年＝100）

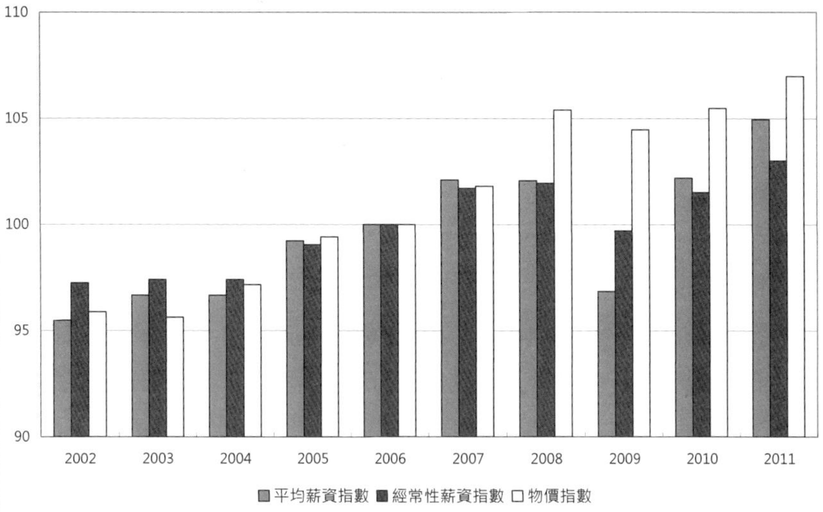

資料來源：行政院主計總處

　　從圖10可以得知，化為指數後可以很清楚的得到一個相當重要的訊息，即是平均薪資和經常性薪資在2007年的時候大致上雖互有消長，尚可以保持住相對成長，但在2008年以後，薪資的成長幅度卻大幅落後物價的成長，於是乎，似乎可以下個定論：斯民近四年是物價增加有感，但幸福卻無感！

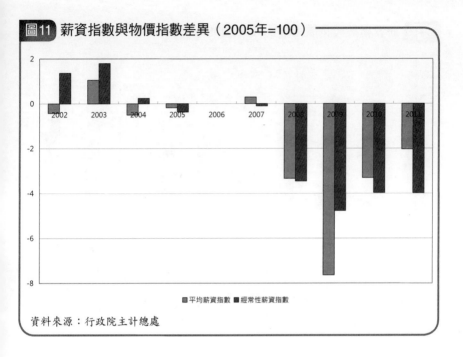

圖11　薪資指數與物價指數差異（2005年=100）

■平均薪資指數　■經常性薪資指數

資料來源：行政院主計總處

　　從圖11可以得知平均薪資、經常性薪資與物價指數相較之後的落後幅度，2007年前互有消長，但卻在2008年後開始大幅落後，尤其以2009年落後幅度最高。因此，從主計總處的資料來看，假定幸福感來自於薪資成長的幅度高過物價，數據證明，幸福感恐怕早已經「無感」了。

實質薪資「負成長」

　　為了更清楚知道實質薪資的差異性，可以把主計總處的資料稍微加工，和把物價指數當成平減指數，計算出實質薪資的時間序列（如表5）。

| 表5 | 名目薪資與實質薪資對照表 | | | | |

時間	平均薪資	經常性薪資	物價指數	實質 平均薪資	實質 經常性薪資
2002	41,560	34,745	95.89	43,341	36,234
2003	42,082	34,802	95.62	44,010	36,396
2004	42,082	34,802	97.17	43,308	35,816
2005	43,194	35,385	99.41	43,450	35,595
2006	43,530	35,728	100.00	43,530	35,728
2007	44,440	36,334	101.80	43,654	35,692
2008	44,427	36,420	105.39	42,155	34,557
2009	42,156	35,619	104.47	40,352	34,095
2010	44,480	36,268	105.48	42,169	34,384
2011	45,686	36,801	106.98	42,705	34,400

資料來源：行政院主計總處

　　從圖11可以清楚得知，上班族的實質薪資，已經是負成長的趨勢，也就是說現在的薪資收入早已經「大不如前」了，似乎可以下個定論，經濟愈成長，但實質收入卻是負成長。

　　實質薪資負成長的問題其實也非一日之寒，主要是臺灣的產業結構沒有適時調整，因此，總統馬英九在2012年10月10日發表「中華民國101年國慶講話」時指出，臺灣產業一定要走向更高附加價值，增加勞工生產力，薪資水準才能提高。在談到「改造產業結構，提高薪資水準」時，他提出過去十多年，臺灣經濟雖然成長，許多人薪資卻停滯不前，民眾當然會感到不滿。要突破

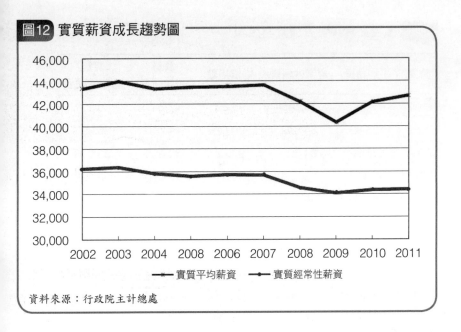

圖12　實質薪資成長趨勢圖

資料來源：行政院主計總處

困境，產業一定要走向更高附加價值，勞工生產力才會增加，薪
資水準也才能提高。

　　然而，產業結構的調整就像一個人的體質要調整一樣，但結
構調整則是牽一髮動全身，實質薪資的成長看來還須一段時間才
會有反應，但是，這一段時間恐有結構調整時的「陣痛」還須應
對。

02
振興消費，發消費券有效嗎？

底下這兩張消費券，不知大家還有印象嗎？

2008年經建會為因應全球金融風暴的衝擊，用以提振國內消費動能，提出了「振興經濟消費券」（簡稱消費券），累計共

圖13 200元消費券

圖14 500元消費券

兌現828.49億元，政府灑錢救經濟的創意，事後驗證後證實效果
有限（然立委仍不時提出政府應再提出消費券，以提振臺灣的景
氣）。

　　事實上，政府的施政不能靠「理論」與突如其來的「創
意」，就管理上而言，只有兩件事，一個是講效能，就是「做對
的事情」，一個講效率，就是「把事情做對」，平心而論，當年
的消費券政策——兩個都做錯。

　　在還沒談到主題之前，先談談發消費券的前因：振興經濟，
臺灣的經濟局勢到底怎麼了？

上班族關心的五大議題

　　上班族最關心什麼議題？就在金融風暴後的2009年底，根據
某人力銀行的調查指出，2010年上班族最關心五大事件包括「景
氣轉變」(60.6%)、「物價飆漲」(43.4%)、「兩岸簽署ECFA」
(28.5%)、「陸資進入臺灣投資」(18.9%)，以及「綠能興起」
(12.2%)。

　　雖然上面這五項事件都是經濟事件，但景氣的轉變與復甦則
大大地關係著工作與薪水，而物價的飆漲則會剝削荷包，相較於
ECFA、陸資來臺與綠能興起這三件事情，對上班族而言雖很重
要，但卻也不怎麼迫切。壓根來說，每個人關切的事情，照理都
是由近而遠（家事、國事、天下事還是從關心家事做起），對於
景氣與物價的關切，孰輕孰重，當然是後者對大家比較敏感。

　　民眾當然會關心口袋裡荷包的厚薄，至於景氣的問題，這非
個人可以左右的。

　　景氣怎麼看？經建會每個月都會公告「景氣對策訊號[7]」，用燈號來表示當前的經濟狀況，但僅觀察信號的顏色，對於測度當前的景氣可能有用，但對於未來的景氣動向，恐怕還需要其它的資訊補充才能夠真正的「有感」。

　　如表6景氣對策信號在2012年8月開出連十顆代表景氣低迷的「藍燈」（2012年9月及10月為黃藍燈），這意味著當今的經濟狀況著實堪憂，外有歐債和美國經濟的問題所引發的外銷不振，再加上中國大陸經濟軟著陸的問題，讓ECFA的成效打了折扣，以及臺灣失業率攀高，物價漸長等多重問題，讓2012年的經濟狀況持續亮出警訊。

　　從景氣對策信號分數來看，2008年12月因受全球金融風暴的影響，景氣對策信號的分數來到谷底的9分（連九顆藍燈）後持續開始復甦，直到2011年的11月起再度連續亮起代表景氣衰退的藍燈，惟從對策信號分數而言，2011年末的景氣衰退程度確實沒有如全球金融風暴來得大，但問題也來於此。2008年末的全球金融風暴後的復甦，是「V型復甦」，景氣下修得很快，但復甦反彈也快。然2001年末的景氣衰退，最怕「歹戲拖棚」，受多重變

7　景氣對策信號亦稱「景氣燈號」，係以類似交通號誌方式的5種不同信號燈代表景氣狀況的一種指標，目前由貨幣總計數M1B變動率等9項指標構成。每月依各構成項目之年變動率變化，與其檢查值做比較後，視其落於何種燈號區間給予分數及燈號，并予以加總後即為綜合判斷分數及對應之景氣對策信號。景氣對策信號各燈號之解讀意義如下：若對策信號亮出「綠燈」，表示當前景氣穩定、「紅燈」表示景氣熱絡、「藍燈」表示景氣低迷，至於「黃紅燈」及「黃藍燈」二者均為注意性燈號，宜密切觀察後續景氣是否轉向。（資料來源：經建會）

| 表6 | 景氣對策信號 |

時間	景氣對策信號分數			燈號
	當期分數	與上期比較	與去年同期比較	
Nov-11	16	-3	-16	▼
Dec-11	14	-2	-20	▼
Jan-12	13	-1	-21	▼
Feb-12	15	2	-19	▼
Mar-12	14	-1	-17	▼
Apr-12	14	0	-15	▼
May-12	15	1	-12	▼
Jun-12	15	0	-10	▼
Jul-12	16	1	-7	▼
Aug-12	15	-1	-5	▼

資料來源：經建會

數的影響，出現「U型復甦」，影響的程度恐怕會比上一次的衰退，規模來的大上許多。

　　我曾問過怡克納米斯景氣的問題，他總是調侃說，當大家看到短期的經濟好轉時，就以為「春燕來了」，卻老是忘了臺灣是個開放經濟體，決無法自絕於世外，而政府的施政太強調短期的「有感」，卻忘了長期如何讓經濟結構進行調整。經濟的問題，總是讓他搖頭，而政府的政策，卻每每讓他氣憤又無奈。

　　怡克納米斯認為，臺灣是個開放的經濟體，對於世界經濟，尤其是中國大陸、美國、歐盟各國的經濟表現，絕對會大大影響

圖15 景氣對策信號分數

資料來源：經建會

臺灣的經濟成長。

　　但這樣的說法，我認為還是很籠統，更精確的說法還是得再就教於怡克納米斯的見解。

消費券與景氣

　　他這樣解釋：「舉2008年的消費券為例，當年經建會為因應全球金融風暴的衝擊，用以提振國內消費動能，提出了『振興經濟消費券』這項政策，立法院三讀通過『振興經濟消費券發放特別條例』，以及『中央政府振興經濟消費券發放特別預算』，讓

消費券發放順利取得法源，編列了856.53[8]億元預算 ，並舉債支應。」

他反問我：「當年經建會建議發放消費券來振興經濟，說得更具體一點，就是透過提高民間消費的乘數效果來提高經濟動能，你認為這樣可以達到預期效果嗎？」

發消費券表面上似乎是迎合人民的「有感施政」，但實際上一個有效的政策必須「作對的事情」，仔細計算實質的經濟效果才對。

我想，他指的預期效果應該指的是「振興經濟」這件事，而最終的表現即是我們花錢消費救經濟，才能拯救GDP。然我們阮囊羞澀，花錢救經濟這件事著實不怎麼理性，政府只好發給我們每人一個紅包，裡頭有三千六百元的消費券，央求我們把紅包花掉，這樣一來民間消費就得到活水，經濟就可以成長！

但政府非營利單位，也非慈善事業，政府口袋裡的每一分錢，都是透過徵稅這件事來獲得，不然就是透過舉債來支應。總歸一句話就是，這筆錢不是來自我們過去繳的稅款，就是政府向未來「借來」的錢——舉債支應。

從GDP的表現來看，臺灣在2008年的GDP為12,481,093百萬元，換算來說，假設消費券在2009年底前全部消費完畢的話，約佔年度GDP的0.6863%而已（這也是當年行政院和經建會一廂情願的說法，當年的預估值是0.64%），真是杯水車薪。但經建會當年的論點還信誓旦旦的說，消費券能夠透過「消費乘數」[9]擴

8　消費券至2009年10月27日止，共計兌現了新臺幣828.49億元。

9　經建會本身就假設替代率最高為76.06%，依據經建會的問卷調查，有高

大消費的作用，提高經濟動能。

然而，事後驗證指出，根據經建會在2009年10月發佈的「振興經濟消費券執行相關統計及影響評估報告」，利用問卷調查及總體計量模型評估得知，顯示消費券政策對2009年經濟成長率的貢獻僅約為0.28%至0.43%，這和一年前的政策論點的差異可大了，也就是說僅達預測值的40%到63%而已。

為何經建會前後說法不一？事前預估可以提振GDP0.64%，事後卻僅最多得到0.43%，這當中的誤差恐怕是對事前的評估有所誤解，或者是過度相信理論，忽略眼前的事實的結果。

從經建會的資料可以確定一件事，政府發放消費券並無法全部貢獻到GDP。為何如此？難道說說消費券並未全部消費嗎？我對怡克納米斯提出我的疑惑。

開放經濟體中消費券成效有限

針對我這個疑問，怡克納米斯補充說明：「當年發放消費券前，有個民間團體的理事長跑來問我，消費券到底有沒有提振經濟的效果，但我認為效果有限。」他舉以下的例子來說明。

「簡單來說，假設你明天會買一把蔥，今天剛好有人送你200元，這時候你有兩個選擇，一個是拿這200元去買蔥，另一個選擇是除了買蔥之外，多買了一盒雞蛋。請問，到底哪種方式能夠促進消費呢？」

這例子太簡單，因為多買一盒雞蛋，消費增加了！

達八成六以上的民眾，使用消費券時，搭配現金或刷卡，經計算後，平均一位受訪者的加碼幅度約3,854元。

　　「所以說，要是消費券只是拿來『替代』一般性的必要支出，完全沒有成長效果，因為你只是把本來要消費的3,600元，由於政府『佛心來著』，你用消費券替代了原本要花的3,600元。」怡克納米斯點明了消費券的問題核心。

　　「也就是說，要有0.64%的經濟成長率，那可是大家得把這筆錢『完全亂花』才有可能辦到的喔！但你認為可能嗎？我都很懷疑，臺灣人的邊際消費傾向[10]才0.36而已，也就是說當大家的口袋裡多了一百元的收入，頂多只會花費三十六元，剩下的六十四元則存起來！所以大家一窩蜂的懷疑829億元，卻沒有懷疑經濟成長率真確性，真是讓人傻眼。」當年怡克納米斯劈頭就反對消費券的政策，因為經建會根據簡單凱因斯理論所提出的乘數效果根本是個理論值，實際上根本無法完全實現。

　　我的想法是，一堆業者一窩蜂的要促進消費券的交易，如果大家都是理性消費，這些業者根本沒有邊際的生意可以賺到，只有一種情況可以期待，就是大家瘋狂消費，浪費性的消費才有商機。所以說，政府說要創造兩千億的消費（乘數效果），那可是要大家瘋狂2.41倍才辦得到。

　　當年，我也很懷疑這把「火」到底能燒多大？

　　怡克納米斯舉個例子來說明什麼是「乘數效果」。

---

10 邊際消費傾向(Marginal Propensity to Consume, MPC)指的是個人可支配所得中用於消費的部分的變化與個人可支配所得的變化的比率，意指可支配所得變動一單位時，在消費上所引起的變動量，MPC小於1且為正數，而1-邊際消費傾向=邊際儲蓄傾向(Marginal Propensity to Save, MPS)。

假設今天一個村子裡有村民三人，職業分別是鞋匠、裁縫師、以及麵包師傅。鞋匠的所做的鞋子、裁縫師所做的衣服、麵包師傅所烘焙的麵包索價皆100元，但此時正逢經濟蕭條，村民無力消費，經濟成長出現停滯。

假設村長借給鞋匠200元，鞋匠拿到200元之後決定拿一半去買衣服、一半去買麵包，麵包師傅拿到100元以後決定也去買衣服，裁縫師也可以去買麵包。這兩個人因而各從對方手中獲得100元，可以去鞋匠那裡買一雙新鞋。於是，同樣的200元又回到鞋匠手上。鞋匠把錢還給鄉長以後這三人同樣身無分文，但是手上卻各多了價值200元（鞋匠多了一件衣服一條麵包，裁縫多了鞋和麵包，麵包師傅多了鞋和衣服），總值600元的商品（鞋兩雙、衣服兩件、麵包兩條），所以鄉長的200元帶動了三倍的乘數效果。

他認為消費券的乘數效果，基本上是個理論值，根據簡單凱因斯定理，乘數效果能夠發生，只能在上述這個例子中的封閉經濟體才能辦到，然一個開放經濟體是無法達到理論效果的，也就是說效果有限。

「舉個例子來說，政府發放的消費券即使全數花費完畢，也無法全然貢獻到國內經濟，也就是說，除非消費者完全購買臺灣製造的產品（包含零組件）才有封閉經濟體的效果。但我們也知道，政府發放的消費券，我們可能買到進口產品（包含中國大陸的製品），所以，有一部分的花費其實是被外國人賺走了。」怡克納米斯繼續解釋。

　　他再以GDP的公式解釋消費券為何成效有限：「GDP公式中的X（出口）-M（進口）談的也就是這個概念，我們的消費有部分來自進口，而對於GDP的總效果應該看的是『淨出口值』。所以，消費券的消費促進功能，其實部分移轉至國外，間接促進他國的GDP了。再者，消費券本來就有替代效果，也就是說原本我們要花費的一筆錢，其實是被消費券替代掉了，當然就創造不了額外的邊際消費。」

　　怡克納米斯深入淺出的分析當年消費券制度設計的問題，其實源自於對理論的誤解與錯估消費者的行為，但我倒是認為，財經官員幾乎都為財經學者（甚多是經濟學博士），對於理論的誤解想必可能性不高，想必是為了讓政策有感，才提出這等荒唐的消費券政策。

退稅？還是發消費券？

　　換個讓人民「有感」的方式，振興經濟，到底發消費券比較好？抑或學香港退稅給現金比較好？

　　回到發放消費券前的時間點，在2008年金融風暴的期間，政府為了拚經濟，朝野都提出「退稅」方案才能救經濟！但我真傻眼了，退稅如何救經濟呢？一則是，這個政府根本沒有賺錢還虧錢，連退稅的本錢都沒有；另一則是，別的國家退稅，我們可以退嗎？

　　套怡克納米斯先前的分析，退稅這件事對我而言，講自私一點，政府拿錢給我花用，我當然高興，一定舉雙手雙腳贊成，但請注意，這筆錢我不見得會花掉喔。按行政院主計總處的「國

民經濟動向統計季報」，臺灣在2010年的儲蓄率[11]是31.62%，為十四年來的最高，在2011年稍降到29.12%。另外一方面，從邊際消儲蓄傾向達0.64，也就是說收入增加一百元，除了花掉的三十六元外，其餘六十四元會以儲蓄的方式處裡。故以華人的習性，錢還是會存起來，省一點花才好，既然這筆錢會被我們「存起來」，試問如何擴大消費呢？

退稅可以救經濟，是假設我們會把這筆錢完全花掉，當然會振興一下消費，GDP是會高一點沒錯。但千萬要記住，這只是理論，但政府舉債花錢，試問，這筆帳要算在誰頭上呢？這筆錢，不是我們出，就是我們的下一輩出，那不就是「債留子孫」嗎？

相較退稅與消費券而言，退稅的效果更是不如發消費券。正因為我們手上有現金，會少花一些，或者不花；但手上有禮券呢？我們會想盡辦法花掉，這樣才能振興消費啊。發禮券，請各大百貨公司來競標，價低者得，一定會搶著標，政府可以用最低成本達到最高的經濟效益。那麼，發禮券不是比發現金好嗎？但發禮券的效果又太偏限於小地方，相較之下，當然發消費券比較「理想」。

於是乎，就會演變成錯誤的施政，只是在一些錯誤的政策中，找出相對錯的比較少的政策施行而已，以管理上而言，就是做錯的事情，還把事情做錯！

---

[11] 儲蓄率＝（GNI－消費＋經常移轉收支淨額）/GNI或（GDP－消費＋經常移轉收支淨額）/GDP以比例表示。

消費券實質效果有限

　　消費券的問題在事後重新檢討後，只能說財經官員總是太相信理論，又不食人間煙火，又常常誇大經濟效果。所以才有很多學者提出，政府應該把這筆錢好好的充實公共政策支出，至少長遠來看效果比較好，移轉至國外的效果可以控制，但也相對「無感」，以致於好的建議，卻不見得可以被接受。

　　消費券的經濟效果只能存於經濟理論，實際上除了一個完全封閉的經濟體才能完全發揮乘數效果，且審計部事後證實經建會提出的消費券對實質經濟助益有限。

　　審計部公布「九十七年中央政府總決算審核報告」中提到發放消費券的政策，在報告中指出這項政策是「相關作業匆促，實際成效亦待觀察」，另從統計數字觀之，消費券所發放的金額，和新臺幣發行減少的數額差不多，民眾是以消費券取代現金，乘數效果當然受到影響。

　　這印證了先前怡克納米斯的說法，也像極了他常講的的一則笑話：

　　　有人告訴一位數學家，一位理論經濟學家和一位計量經濟學家說，有間沒有任何燈光的密閉房間裡有隻黑貓，看他們誰能抓得到。

　　　其實，這個房間裡根本沒有黑貓。

　　　數學家先進去，拼命找那隻並不存在的貓，結果發瘋了，只好被送進了精神病院。

　　　理論經濟學家進去後折騰了一番，還是沒找到貓，出來

後還得意洋洋的說，他可以搞一個數學模型，然後很精確地描述他在房間裡的運動軌跡。

最後，換計量經濟學進去這間房間。

計量經濟學家躡手躡腳地走進房間裡，然後花了一個多鐘頭找尋那隻並不存在的黑貓，卻只聽他在屋子裡大叫。

「哎喲，我的脖子被貓抓了一下！」

消費券所創造的經濟效果，不只是一個模型，還是黑屋裡的那隻「不存在的黑貓」呢！

03

麥當勞漢堡餐降價，
經濟難保？

最近觀察到便利商店的熱食生意愈來愈好，尤其是物價持續上揚，在2012年的10月間，知名滷肉飯調漲價格，一碗要價六十八元後（因與論壓力的問題再調整為六十四元），便利商店的便當相對就非常「國民價」了，不消七十元就可以買個便當，打發掉一餐。

另外一方面，我也觀察到麥當勞又推出特價餐，在用餐的黃金時段，折價推出。但我也很好奇一件事，通常，在用餐的黃金時段，大部分的餐廳訂價都是尖峰訂價一定高於離峰價格，這就是採用經濟學「差別訂價[12]」的方式。

---

[12] 差別訂價或價格歧視(Price Discrimination)指的同一個產品（指生產成本相同），對不同的消費者，訂立不同的產品價格。一般區分為三個等級，第一級差別訂價又稱為「完全差別訂價」，生產者依照消費者每一單位願付最高的價格來銷售，剝削全部消費者剩餘的訂價方式，也稱作「完全價格歧視」，廠商對每一單位產品都按消費者願意支付的最高價格出售。

第二級差別訂價，又稱為「區間定價」，生產者依照消費者不同的購買

在談到麥當勞之前，還是先來說說，麥當勞到底「賣什麼」？

麥當勞賣什麼？

我有一段時間經常出國，然我的飲食習慣有點限制（其實是自我因素），於是乎機場及各地的麥當勞標誌，就會變成是我搜尋的目標之一，正因為「大麥克餐」(Big Mac)乃我不管到那一國出差，基本上都沒有任何飲食限制的餐點（除了印度之外，偏偏我還沒去過）。

從大麥克餐就可以得知麥當勞已經成為全球化的標記，而社會學家或經濟學家有時也以「麥當勞化」作為研究的標的，而大家應該比較熟悉的應該是英國《經濟學人》雜誌的「大麥克指數」(Big Mac index)[13]，用來非正式地評估一國貨幣的購買力平

數量區間，訂定不同的價格出售。

第三級差別訂價乃針對不同的市場或消費者訂出不同的產品價格，一般尖峰或離峰價格屬於此類的差別訂價法。

[13] 大麥克指數（Big Mac index）是由《經濟學人》(The Economist)提出，為一個非正式的經濟指數，用以測量兩種貨幣的匯率理論上是否合理。這種測量方法假定購買力平價理論成立，購買力平價的大前提為兩種貨幣的匯率會自然調整至一水平，使大麥克在該兩種貨幣的售價相同。選擇大麥克的原因是，該產品在多個國家均有供應，而它在各地的製作規格也大致相同。

兩國的大麥克的購買力平價匯率的計算方法，是以一個國家的大麥克以當地貨幣的價格，除以另一個國家的大麥克以當地貨幣的價格，得到一個比值。該比值用來跟實際的匯率比較，要是比匯率為低，就表示該國貨幣的匯率被低估了；反之，要是比值比匯率為高，則代表該國貨幣的匯率被高估了。

價。

　　圖16為2012年最新的大麥克指數，最右欄是當地的大麥克餐換算成美元的售價，瑞士的指數超過60%（美國為1）排名第一，代表以購買力平價來論，瑞士法郎(Swiss franc)被高估最多，最被低估的是印度盧比（Rupee），約為-60%，臺灣約為-40%，單就大麥克指數而言，似乎新臺幣對美元的匯率是被嚴重低估的。

　　回到主題上，麥當勞到底賣什麼？

　　諸位一定認為是廢話，當然是賣「漢堡」。但事實上，麥當勞除了賣漢堡之外，還有雞腿、薯條、飲料和冰淇淋等，但這並部全然是答案，如果說麥當勞賣的是房地產，你信？還是不信？

　　《窮爸爸，富爸爸》的兩位作者Robert T.Kiyosaki和Sharon L. Lechter在書中提到，麥當勞創始人Ray Kroc問德州大學MBA班的學生一個問題──「麥當勞賣什麼？」正當學生們為如此簡單的提問感到莫名其妙時，Ray Kroc給出了一個令他們驚詫不已的答案──麥當勞的真正生意是經營房地產。

　　想像出來了嗎？就像房地產業者告訴購屋人的基本選址條件Location, Location一樣，麥當勞的地點的確都選在車水馬龍[14]的地方，所以房地產業者的選址條件一樣適用在麥當勞上。

　　《經濟學人》設計的「大麥克指數」網址：http://www.economist.com/search/apachesolr_search/big%20mac%20index。

[14]臺灣第一家麥當勞在1984年1月27日，開設在臺北市松山區民生東路上。1990年10月8日，麥當勞在廣東省深圳市解放路光華樓西華宮開設中國內地首家分店。

圖16 2102年大麥克指數

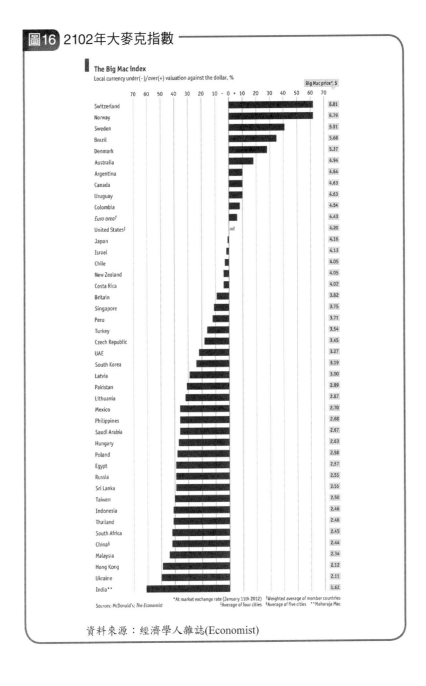

資料來源：經濟學人雜誌(Economist)

　　麥當勞的選址條件一定是有人潮的地方,正因為有人潮就有錢潮,此乃不變的商業定律。從圖17 Google Map取得的資料顯示,臺北市麥當勞密集的程度,著實可見一斑(指圖中的圓點),圖18指出,臺灣西半部的分店都集中在都會區,東半部的營業據點可能就少得多了(偏偏花東地區最偏遠的那幾家麥當勞分店,在上回環島旅行時都去用餐過)。

圖17 Google Map上顯示臺北市麥當勞密集的程度

資料來源:Google Map

圖18 麥當勞都集中在西部都會區

資料來源：Google Map

藏在麥當勞兒童餐裡的秘密

換個方式，從行銷的角度問，麥當勞賣什麼？

我在大學教行銷學的時候，堂下的大學生也會問我上述這個問題，但我認為麥當勞賣的是「歡樂」，尤其是對主要消費者兒童——而言，這個歡樂的代價就是老爸和老媽得掏錢買單。

說到「歡樂」這個問題，倒是讓我聯想到美國加州聖塔克拉拉縣在2010年4月27日決議，未來不准兒童速食餐業者贈送玩具，理由是不希望鼓勵小朋友吃進高熱量食物（目前臺灣的麥當勞兒童玩具，仍然繼續奉送當中）。而美國紐約市政府為了解決市民肥胖的問題，在2012年宣告一項禁令，最快將於2013年3月實施，凡是在速食店、餐廳、電影院、運動場館和街頭攤販，不論是罐裝或從汽水機注入杯中販售的汽水、能量飲料和冰茶等含糖飲料，只要容量超過16盎司都不准賣；採用自助式飲料機的餐廳，提供顧客的杯子容量不得大於16盎司（約473毫升，等同是麥當勞的小杯可樂），但顧客可續杯。

對於美國禁止兒童餐不准贈送玩具的這項規定，不知兒童在用餐的歡樂效用會不會降低？用餐頻率會不會減少呢？

關於這個問題，我應該好好問一下家中那兩位小女生，要是以後麥當勞兒童餐取消玩具，她們會不會降低用餐意願，或者毫無影響呢？我相信應該會降低用餐意願，原因無它，要是麥當勞發現取消玩具贈品對於小朋友的用餐意願毫無影響的話，他們又何必弄出個玩具贈品？

但身為父親，且是一個以經濟學為謀生本錢的理性消費者，

我會馬上聯想到一件事，即是這些玩具，鐵定是「羊毛出在羊身上」，卻由我這個老爸「買單」！

對於麥當勞，應該是用餐需求的問題，說得更坦白一點，就是當消費者有用餐需求時，第一印象會不會是麥當勞？（從行銷學來看，就是我常講的「心靈佔有率」。）

以一個消費者而言，對於麥當勞沒有任何印象的人，應該是少之又少吧，但對兒童而言，不知麥當勞的小朋友，恐怕是異類。然而，不曉得各位是否曾經好奇過一件事，即是當你有用餐需求的時候，你會考慮去哪用餐？我問過很多朋友，他們的答案大部分是麥當勞。再進一步問，要是麥當勞的漢堡漲價了，你願意多消費還是少消費？答案大多是減少消費，畢竟，一套百來元漢堡餐的代價雖不貴，但也便宜不到哪去，在不景氣的年頭中，當然能省則省。

漢堡漲價就少消費，這代表一件事，就是麥當勞的漢堡餐，對大多數的人而言是「敏感的」，有價格彈性[15]的，也因為如此，當感受到市場不景氣時，麥當勞似乎就會即時推出特惠餐，而且集中在用餐的兩個黃金時段，中午和晚上。（一樣是差別訂價，但麥當勞反其道而行，尖峰用餐時間反而降價。）

當麥當勞的餐點降價時，我不得不懷疑，難不成景氣變差了？大家荷包縮水了？想一下底下這四個時間點，不就湊巧就和

[15] 價格敏感度即是經濟學上所謂的價格彈性，即是單位價格變動一單位，消費數量產生變動的幅度。價格彈性高，代表只要商品價格上漲，就會降低消費，反之無價格彈性，即是說當商品價格上漲時，消費者不會減少消費。

經濟走勢一樣嗎？

(1) 2009年2月，全世界受到金融風的襲擊後，臺灣的麥當勞在午餐時段調降套餐價格，多項餐點從99元降為79元。

(2) 2010年12月30日，兒童餐降價。

(3) 2012年1月，麥當勞調整二十二項商品變動價格，漲價的多，降價的少。

(4) 2012年6月，推出午晚餐特價。

所得沒成長，消費卻提高？

我記得在2010年初的時候，經建會公佈的資料中曾說2009年第四季的民間實質消費成長率高達6.27%之多，這讓我好生疑惑，為何大家覺得阮囊羞澀，所得沒有成長，但消費卻提高很多呢？

就教於怡克納米斯之後，他舉個簡單案例說明：「就像你知道固定每個月的1日會領到薪水，你會不會在領到薪水後，因為手頭較寬裕了，花錢的浮動，『偶爾』會不小心放寬呢？」

這讓我想起在《巷子口經濟學》（二版增修版於2012年7月1日發行）中的一篇「大哉問，計程車的費率」中提到，在臺北，計程車的載客率會在每個月的5日達到高峰，然後開始遞減，是因為當天日大多數上班族的發薪日，上班族的手頭會比較寬裕些，因此比較捨得搭計程車（也許去唱KTV、去泡PUB，或者是看電影）。

怡克納米斯又繼續補充說明：「以預期心理而論，會不會大

家以為未來（指2010年[16]）的景氣會提升，收入會增加，也因為這種預期心理作祟，所產生的跨期消費[17]現象呢？（本該在未來消費，卻提前到現在消費），抑或是因為2008年第四季基期過低的影響呢？就好像你知道有一筆錢快到手了，你極有可能會先動支，而不會等到錢到手時再說！」

我贊同他的說法，其實，當我知道出版社會在某日交付我版稅時，或者是公司老闆要發放年終獎金時，我真的「偶爾」會跨期消費一下，總感覺慰勞自己的效用真的很高。

怡克納米斯提醒了我一下，要澄清這個疑問，還是需要從實際的統計資料著手分析，他更補充說：「消費者很難在短時間內察覺名目收入與實質收入之間的差異，即是有可能明明實質收入已經下降，但他仍以為名目收入增加代表收入真的增加，進而擴大消費。但我更認為政府不會在此時很鄭重的告訴人民，質實收入已經下降的事實，要大家緊縮消費，因為這可能會讓民間消費再度下挫，而影響總體經濟的成長。」

我向怡克納米斯追問：「你的意思是說，政府會善意的隱瞞實質收入銳減這個事實嗎？這算善意的謊言嗎？」

他並沒有直接回答我這個尖銳的提問，只是轉移一下焦點，請我查一下經建會和主計處所公布的資料，把物價考慮進去之

---

[16] 事實上，2010年的景氣還不錯，景氣對策信號都有保持紅燈到紅黃燈，到2011年的景氣則開始趨冷，至2011年11月起連七顆藍燈，景氣對策信號分數從2010年1月的38分，到2012年5月跌到只剩15分。

[17] 跨期消費是因為消費者願意犧牲一部分未來的所得，選擇提高現在的消費；或者，消費者願意犧牲一部分現在的消費，以求取未來更高的收入。

後，實質的數據會不會產生出人意表的答案？然根據我在社會上
打滾近二十年的經歷來論，加上經濟學賦予我敏銳的神經（這點
在修辭上有點誇飾了，應該說是觀察力才對），我會認為他講的
是事實，惟事實與答案，還是要經過自己求證之後，才能更清楚
知道癥結到底在哪？

　　為求慎重起見，我查了一下經建會的統計資料如表7所示：

表7　實質經濟成長率與民間消費實質成長率比較

年度	實質經濟成長率(%)	民間消費實質成長率(%)	可支配所得（元）
2000	5.80	4.75	891,445
2001	-1.65	0.89	868,651
2002	5.26	3.26	875,919
2003	3.67	2.91	881,662
2004	6.19	5.17	891,249
2005	4.70	2.90	894,574
2006	5.44	1.49	913,092
2007	5.98	2.08	923,874
2008	0.73	-0.93	913,687
2009	-1.81	0.76	887,605
2010	10.72	3.67	889,353

資料來源：經建會

　　為方便比較實質經濟長率、民間消費實質成長率和可支配所
得三者之間的消長關係，繪成圖18這張統計圖：

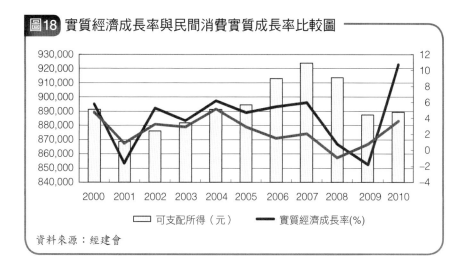

圖18 實質經濟成長率與民間消費實質成長率比較圖

資料來源：經建會

　　以相關性來看，實質經濟成長率和民間消費實質成長率兩者之間的相關係數為0.7，呈高度正相關，代表說當經濟成長時，民間消費也會成長，這在邏輯上相當合理（相關係數高不必然具有因果關係）。

　　至於實質經濟成長率和可支配所得之間的相關係數為0.23，代表當經濟成長時，可支配所得也會被推升，但相關性不強（小於0.4），這也表示出經濟成長的果實，可能不完全貢獻到收入上，以致於經濟雖成長了，但所得卻沒有同步增加，產生可支配所得與經濟成長率之間的相關性不高。

　　然民間消費實質成長率和可支配所得之間為負相關，相關係數為-0.28，呈現低度的負相關，照理，所得增加的同時，消費意願也應該增加才是，為何呈現低度負相關？因為時間不長，代表可能某段時間兩者可能呈現負相關，讓總體的相關係數呈現較

弱的負相關，亦或許部分所得被以儲蓄的方式「存在」，以致於分配到消費支出時卻銳減了。

　　從統計圖中可以得知，民間消費實質成長率和可支配所得之間確實在某段時間有負相關的情況發生，尤其在2004年至2007年之間，當可支配所得增加時，民間消費實質成長率卻是大幅下降。

　　把彼此的相關係數整理如表8：

表8　實質經濟成長率、民間消費實質成長率及可支配所得相關係數表

	實質經濟成長率(%)	民間消費實質成長率(%)	可支配所得（元）
實質經濟成長率(%)	1.00	0.70	0.23
民間消費實質成長率(%)	0.70	1.00	−0.28
可支配所得（元）	0.23	−0.28	1.00

資料來源：經建會

　　以上表的結論來論，似乎說明了愈阮囊羞澀，所得愈沒有成長，但消費卻提高很多，但經建會並沒有說明此一現象。

麥當勞的價格是經濟指標？

　　我會認為麥當勞的價格是個很好用的經濟指標，但我對漲價不太有興趣去探討，倒是對於降價而言，反而更應該好好探究一番。而且，根據我的直覺判斷，當麥當勞降價時，即有可能是經濟成長出現問題的徵兆。

　　拿麥當勞的漢堡餐當例子，麥當勞的兒童餐在2009年底降

價，每套餐69元起，此外，中午的套餐降價還延伸到假日，而兒童餐是14年來最低價。一般而言，麥當勞的漢堡餐大抵只有漲價的份，為何漢堡餐在2009年居然大幅降價呢？而事實上證明，2009年的可支配所得大幅下降，但民間消費實質成長率卻谷底彈升，似乎說當年剛好金融風暴的影響已經落底，雖然大家的所得沒有成長，但預期2010年春燕將至，消費意願增加呢？

當年，臺灣麥當勞提出說明，因為經濟景氣回升緩慢，造成家庭消費相對保守。麥當勞調查發現，兒童是用餐地點決定者，因此，這次首度主打兒童餐降價，希望吸引更多家庭上門，預計這塊將佔總體業績的三成。

麥當勞的餐點是景氣的指標，價格彈性高，要是口袋錢少了少消費，漲價了也少消費，所以，麥當勞降價，代表實質的收入變高（把收入換算成可以消費麥當勞套餐數計算的話），消費麥當勞漢堡的意願與次數也許會增加才對。

每次只要麥當勞的套餐漲價，可以推說物價上漲（不代表收入有成長），但麥當勞推出特價時，我都會懷疑，我們的可支配所得是不是下降了呢？

2012年的6月，麥當勞又推出午、晚餐特價，而且沒有時限，又逢景氣對策信號連七顆藍燈，看來，恐怕下半年要勒緊褲帶了，至於，麥當勞是不是看景氣對策訊號降價，這我就不清楚了……

04
男人內褲
可以預測經濟

我很好奇一件事，為什麼媒體不會報導男人的消費活動呢？我會以為，男人的消費傾向也許是經濟活動中落後指標，不然，怎會連消費研究都付之闕如呢？如果是落後指標，當社會上看見男人擴大消費時，照理是他的荷包比之前更充實了，因此，看男人擴大消費的同時，我們可以更確信經濟春燕已經飛來了。

男人的消費，很多是「耐久型消費財」，不管是身上穿的，還是手上用的，不管價格高低與否，經常是耐久型的。以馬英九總統而言，更是標準的模範，但問題是廠商面對這種理性消費的男人，可是一點都不喜歡，正因為他們都無法創造消費。

男人不常消費，但廠商也有高招──抬高價格，賣貴一點！業者這招我也領教過了，於是乎男裝幾乎都賣得比女裝貴，不管是衣服還是鞋子，連到美容院理個頭髮（百元理髮除外）或者洗個頭，價格都比女性消費者貴上許多。

不曉得男人們發現這個經濟事實了嗎？但並非廠商歧視男性

消費者，這只是個簡單的供需原理而已。

圖片來源：聯合知識庫

男人的消費模式大抵比起女人而言的確是保守許多，但男人的玩物有可能是高價的3C商品或汽車，可是男人身上穿的用的，可以十幾年如一日，耐用得很。就拿我當例子來說吧，我一套西裝至少可以穿個十年以上，只要不勾到不破洞，加上身材不變型的話，西裝也很耐用。那襯衫和西裝褲呢？大抵也可以耐用個三、五年，至於腳下那雙皮鞋呢，兩三年內絕對不成問題，鞋底磨壞了，送到修鞋匠那裡縫縫補補，照理，再頂個兩年也是不成問題。

但女性消費者呢？我問過很多女性朋友，連女大學生也問過，假定她們腳下的高跟鞋壞掉了，她們會毫不猶豫的換一雙新的，因為她們的鞋櫃裡頭，永遠缺了一雙鞋。所以，即使僅穿了一天的新鞋壞掉了，正好鞋櫃的新鞋可以頂上，又何必心疼呢？

但男人腳上的鞋要是壞掉了，我相信一定比女人心疼。以我而言，新鞋穿上之前，一定得到修鞋鋪請師傅加工一下，鞋底一定要貼皮，不只有止滑的效果，也可以延長皮鞋的壽命，即使鞋底磨平了，再重新貼皮即可。再者，男人們也許受過軍事訓練的影響，皮鞋一定要上鞋油保養，雖然，加工的程序有可能隨退伍

的時間變久而簡化或者是退化，但一個人男人，絕少會忍受自己的皮鞋上蒙上一層灰吧？

　　我記得我剛退伍的頭十年內，我保養皮鞋的步驟和服役時幾乎沒有兩樣，拿著化妝棉抹上一點水，加上厚厚的鞋油，慢慢抹勻，直到露出滿意的光澤為止。就這樣，我一雙結婚時買的進口皮鞋，到現在依舊還穿在腳上，各位就可以知道，男人們離開部隊後，除了軍事技能可能會退化之外，抹皮鞋的功夫可以數十年不退化。

男人內褲值多少錢？

　　男人惜物如金，對皮鞋也是，那麼，男人的內衣和內褲呢？

　　我想男人們不會穿到破洞還在穿吧？還會縫縫補補，廢物再利用嗎？我認為少見了，但穿到破了，應該算正常吧！

　　問男士們一個問題，男士們，你身上這件內褲穿了多久？一件內褲，你願意用多少代價來買？

　　某量販店最近寄來的幾期特價目錄中，我都會刻意觀察男用內褲的價格（還有男用內衣），原因無它，男人的貼身衣褲，不曉得為什麼，我總是選擇在特價的時候趕緊多買一些當庫存，免得哪天褲襠破了，無褲可穿就窘了。

　　內褲多少元一件？這是勢必要考慮的「預算」，大抵來說，我認為四十九元一件是合理的，七十九元一件還可以接受，九十九元一件，就只好望褲興嘆了！

　　但量販店中，很奇怪的一件事，就是男人的內褲普遍賣得比內衣便宜許多，難不成是用料比較少，所以比較便宜嗎？

為什麼合理的價格是四十九元一件呢？這有可能是「定錨效應」所產生的。所謂的定錨效應指的是一物的評價，受到前一手資訊的影響，也就是一個人評估一個事物的價值，受到其第一印象或刻板印象所影響，變成是一種決策的參考依據。以男人的內褲而言，諸多大賣場中都有特價男用內褲，價格約莫是四十九元一件，因此，會認為男士內褲合理的價格在四十九元，即是一種定錨效應。

男人內褲與經濟景氣

我相信以絕對理性生活的怡克納米斯，他的內褲價格，絕對不超過九十九元，內衣價格約莫就是在百元以內，至於腳下的襪子，絕對是路邊攤百元五雙的貨色。他一定是這麼想，反正內褲、內衣和襪子都是穿在裡頭沒人看的，品牌價值在他身上絕對發揮不出任何效用，他要的是高 C/P值[18]，但更要求性能高，價格要低廉。但在他身上，也不乏有些高檔貨，譬如說他一定用的是某品牌小黑的商務筆記型電腦，但也一定在特價時購入，他認為商務用筆記型電腦向來用個十年都不是問題，耐用度高，即使總價貴一點也可以接受，也就是說在電腦的生命週期內，務必讓使用成本降到最低。

這是他的理性，不代表全天下的男人，一定倒效法他這般的理性，甚至理性到有點過頭，他的人生，永遠在衡量，他常說，在他心中永遠有一把尺在度量所有的事情，真是夠了！

---

[18] C/P值指的是「性價比」，即「性能價格比」，乃用來權衡商品在客觀上的購買決策。一般而言，性價比高，代表物超所值。

上回，我還和他爭論一件事，到底是平版衛生紙比較省錢，還是抽取式衛生紙？這我可比較過，以同品牌而言，平版衛生紙的單張價格，鐵定比抽取式衛生紙「便宜」！

好吧，我承認我受到他的薰陶和影響甚多，衛生紙單位成本多少錢這種幾角錢的事，我也得計較許多。但他卻冷冷的笑著對我說，還以為我從他身上「偷到」多少理性消費的成分，卻忘記了行為上的差異。

他冷冷的說：「抽取式衛生紙每一抽是幾張？」這個答案太瞧不起人了，當然是「兩張」（有一種品牌是三張，後來我竟然認為這個品牌是最便宜的）。當他再問我：「那麼，平版衛生紙每抽是幾張？」這下換我楞了，我無法確定每次使用平版衛生紙時，倒底每次抽幾張。

他提了他的見解：「一般來說，我們都會困於單位成本的高低，舉拿衛生紙上廁所來論，卻不是用幾張來計算的，而是這個過程中使用的量來計算成本！」這倒是讓我恍然大悟，我發現我們家的小朋友使用衛生紙時的習慣在平版與抽取式之間有點不同，因為他們無法精準的取出多少張平版衛生紙，有可能一取就是一大疊，但抽取式衛生紙幾乎可以保證每抽就是「兩張」。

我承認，在衛生紙這件雞毛蒜皮的小事上，我又再度敗在他的絕對理性之下！

再回到男人內褲的討論上。

據說二戰前有位西方專家發現女人裙子的長短與經濟景氣榮枯有關：流行短裙子，經濟就活躍，而且裙子越短，經濟就越活躍；流行長裙子，經濟就萎靡，而且裙子越長經濟越萎靡。

　　女人的裙子可以預測景氣榮枯，那麼，男人的內褲也許是一個很好的經濟指標，但這個指標很隱晦，因為男人不輕易讓人看見他的內褲（除了紐約地鐵內有名的「無褲日」[19]例外）

　　據《華盛頓郵報》一篇報導指出，美國的市場經濟學家則提出一個用以監控金融危機走勢和國家經濟是否好轉的有趣新理論。根據他們的理論，經濟態勢可以從男人衣櫃裡新內褲的數量上看出端倪：如果能在男士們的衣櫃中找到幾條新內褲，則說明國家經濟形勢已經開始好轉。簡言之，這條理論就是說內褲對於每位男士來說都是必需的，因此男士內褲的銷量基本長期處於一個穩定的水準。而當經濟形勢在某一時間出現危機時，男人在購買新內褲時便會思索再三，顯得謹慎許多，並由此反映到內褲的銷量上。

　　媒體這樣形容男人買內褲的經濟行為，當經濟不景氣時，男士們會適當拖延淘汰一條舊內褲的時間——這就像你在淘汰一輛舊車前總想再多開一些公里數一樣。

　　因此，觀察男士內褲銷量的消長，就可以知道經濟景氣的榮枯！

---

[19] 所謂的「無褲日」，根據媒體報導，相傳是「隨時隨地即興」(Improv Everywhere) 的組織加以改良，從2002年發起的一個名為作「不穿褲子搭地鐵」（The No Pants Subway Ride）的活動，才讓「無褲日」變得聲名大噪。參與該項活動時，須在指定地點集合，一起搭乘地鐵，然後在指定時間一起脫掉褲子，大家裝作相互不認識，最後在指定地點集合。

葛林斯班認為，當男人手頭緊時，內褲的銷量就會往下探

我不曉得怡克納米斯衣櫃裡新內褲的數量到底多少，如果知道的話，我定可以針對未來的景氣榮枯提出預測。但怡克納米斯卻在我提出這個討論後，丟給我HuffingtonPost[20]刊的一篇文章，文章內容提到，前美國聯邦準備理事會(FED)葛林斯班(Alan Greenspan)說，他曾在1970年代時自已開經濟顧問公司，且非常留意男士內衣褲的銷售情況。他分析，在正常年頭裡，男用內褲銷售量會穩定上升，但是，當男人手頭緊一點或打主意減少開銷時，男士內褲的銷量就會往下探。

我也不甘示弱的找出一篇文章和怡克納米斯比較一下，全球市場研究公司Mintel也表示，男士內衣褲銷售量在2009年將下跌2.3%，因為男人拉長了他們四角褲和三角褲的壽命。

Mintel在2009年預測的資料如下：

ALL UNDERWEAR

(1) 2007 retail sales: $4.73 billion (up 3.7 percent from year before)

(2) 2008 retail sales: $4.87 billion (up 2.9 percent from the prior year)

(3) 2009 forecast: $4.76 billion (down 2.3 percent)

---

[20] Men's Underwear Sales, Greenspan's Economic Metric, Reveal Crisis, TheHuffingtonPost, http://www.huffingtonpost.com/2009/04/08/mens-underwear-sales-gree_n_184863.html。

BRIEFS（三角褲）

(1) 2007 sales: $1.21 billion (down 3.6 percent)

(2) 2008 estimated: $1.17 billion (down 3.0 percent)

(3) 2009 forecast: $1.18 billion (up 0.6 percent)

(4) 2010 forecast: $1.17 billion (down 1.0 percent)

BOXERS（四角褲）

(1) 2007 sales $1.16 billion (up 9.7 percent)

(2) 2008 estimates: $1.25 billion (up 7.1 percent)

(3) 2009 forecast $1.09 billion (down 3.5 percent)

　　請注意BRIEFS（三角褲）那一欄，銷售量直到金融風暴後的2009年才恢復正成長，但在2010年後又即將衰退（四角褲在2009年也是衰退）。

　　為了驗證Mintel的預測，我利用美國商務部每個月發佈的「進階零售和食品服務每月營業額」(Advance Monthly Sales for Retail and Food Service)[21]報告，在2012年5月公布的資料顯示，5月份的數據為404.6億美元，相較於4月份下降了0.2%，但高於2011年的同期，增加5.3%。

　　零售業的營業額是一個相當有用的經濟指標，對未來經濟展望樂觀，消費通常會增加，反之則會減少。

　　男性內褲的銷售量大概不怎麼透明，國家的消費統計，應

---

[21] 美國商務部美個月發佈的「進階零售和食品服務每月營業額」(Advance Monthly Sales for Retail and Food Service) 報告，可以至下列網址取得最新的月資料：http://www.census.gov/retail/。

該也不會細到如此的程度，但我也想盡辦法弄到底下這份資料"2009 Underwear Outlook"[22]，報告內容提到在金融風暴後的2009年男裝的銷量受到四個因素影響，而第一個因素就是男士內衣銷售放緩。根據市調公司NPD Group的估計，至2008年8月為止的一年內，男士內衣的銷售額比去年同期的3.8億美元，下降了5%至36億美元。

看到這種研究結果，男士們會不會覺得真是夠了，男人的內褲，也是經濟風向球，那麼男人的內褲花色花一點，是景氣趨暖？素色一點的話是景氣趨冷？你願意相信嗎？

如果男裝（尤其是內褲）的銷售可以準確預知經濟景氣的話，就可以用政府統計來驗證這樣的假說。我們可以利用美國商務部所發佈的"Estimated Annual Sales of U.S. Retail and Food Services Firms by Kind of Business: 1992 Through 2010"這份統計表來推論這段時間內，到底男裝與美國GDP成長率的相關係數是否可以支持上述的假說。

其中，我找了底下幾個變數：

(1) 零售額（排除汽車與零配件銷售）
(2) 男裝銷售額
(3) 女裝銷售額
(4) 零售額成長率
(5) 男裝銷售額成長率

---

[22] 2009 Underwear Outlook, http://ns.freshpair.com/fp_content/pdfs/in_the_news/DNR_001.pdf

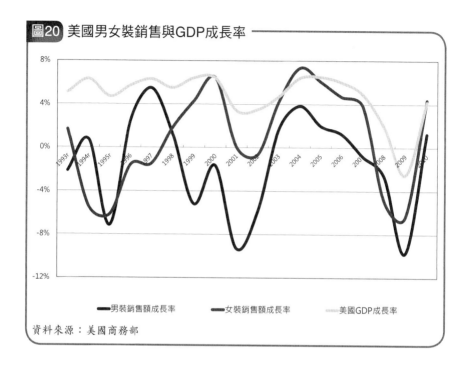

圖20 美國男女裝銷售與GDP成長率

資料來源：美國商務部

(6) 女裝銷售額成長率

(7) 美國GDP成長率

　　其後，利用這段時間的時間序列資料計算相關係數，得到的結果如下：

(1) 男裝銷售額佔總體銷售額成長率與GDP的相關係數為0.43；

(2) 女裝銷售額佔總體銷售額成長率與GDP的相關係數為0.34；

(3) 零售額成長率與GDP成長率的相關係數為0.96；

(4) 男裝銷售額成長率與GDP的相關係數為0.43；

(5) 女裝銷售額成長率與GDP的相關係數為0.56；

(6) 男裝與女裝銷售額的相關係數為-0.62。

　　從以上的數據可以發現，零售額成長率與GDP成長率絕對是正相關，且相關係數趨近於1。若以男女裝銷售額佔總體銷售額成長率與GDP的相關性而言，男裝確實比女裝來的顯著些，也就是說當經濟景氣時，男裝的銷售額佔比成長率可能會提高，似乎代表男士們相對於女士們而言比較願意花錢。

　　但改以絕對金額的成長率和GDP一起比較，女裝反而勝出，似乎代表著當經濟景氣時，男士雖然較願意花錢，但花錢的幅度相對於女士而言，當然還是以女士們勝出，也就是說觀察男士們的消費意願確實是個景氣指標，但論及貢獻度而言，還是非女士們莫屬，有趣的是男士們與女士們的消費似乎沒什麼關連性可言，零售市場的區隔還真是涇渭分明呢！

　　有了上述的推論，似乎可以得到一個和葛林斯班一樣的推論，男人的內褲，的確是一項有用且有效的經濟指標，至2012年底，我的衣櫃中的新內褲已經沒有庫存，是不是意味著2013年的經濟要走下坡了呢？

男裝和女裝孰貴？

　　最後，還有一項經濟指標想必大家一定覺得想知道，到底男裝和女裝相較起來，哪一個較貴？

　　我想，很多人一定猜女裝。

　　但答案並非是如此，瑞士銀行(UBS)的一份報告指出 "Prices and earning" 指出，在臺北的購衣成本，平均來說女裝約980美元，但男裝達1,070美元，相對於美國的紐約，臺北人的置裝成本是紐約人的132.5%（紐約市男裝為570美元，女裝為980美元）。

　　各位一定覺得很訝異，紐約不是時尚之都嗎？怎臺北人置裝的費用比紐約人還多呢？（其實，也高於倫敦男裝的800美元。）

　　以日本的東京市為例，男裝為1,880美元，女裝是1,220美元，均比臺北市高，相對於紐約為199.2%；但韓國的首爾市男裝只有300美元，女裝更低到220美元，總體是紐約人的33.3%，照理，以首爾市的薪資水平，應該可以支持更高的消費才對。

　　在中國大陸，北京市男裝是700美元，女裝是660美元；香港的男裝是620美元，女裝是390美元。

　　所以，以東亞主要城市來比較，男人們的購衣成本確實比女人高，但瑞士銀行的報告指出，以調查的72個城市為例，僅有義大利的羅馬(Rome)女人的置裝費比男人高。

　　這麼說來，到底是男人比較愛漂亮？還是男裝一定比較貴呢？

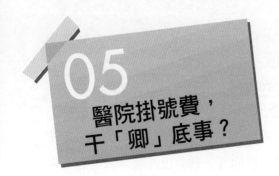

05
醫院掛號費，
干「卿」底事？

我不太常生病，並不是說我身強體健，偶爾還是會略感風寒。

一般來說，上診所就醫的費用大致上是150元（掛號費50元，自負額100元），即使病況稍微嚴重，頂多額外再多付自負額（部分負擔）藥費罷了。後面這個自負額就離題了，然我倒是對新聞說臺北市某診所掛號費高達1,000元這件事感到好奇，但重申一下，不是對這1,000元掛號費感到好奇，而是對立委和衛生署的反應感到好奇。

千元掛號費，貴還是不貴？

1,000元掛號費，「貴」與「不貴」之間，又干卿（立委和衛生署）底事呢？

在自由市場裡，訂價的事是一個巴掌拍不響，先不論醫療診所是不是「自由市場」，掛號費的訂價太高（指的是1,000元），只要診所敢收，病人敢付，你管他做啥？

這是我一時的反應，但怡克納米斯可不這麼認為，他鄭重的告訴我，醫療市場具有共有財(Public goods)的特質，自由市場市場這種說法，必須限定在某些醫療行為上，不能泛指所有的醫療市場。

我相信，很多人一定會反嗆說，掛號費收1,000元，一定很多人付不起，這樣會損失病人的醫療權益。但我也很好奇這種邏輯觀點，既然掛號費這麼高，一定有很多人付不起，這是事實沒錯，但問題在於病人難道一定得選這家診所，無法選擇別處就醫嗎？

我把這個問題丟給怡克納米斯，我相信他定會提出他的特定觀點。

怡克納米斯這麼認為，他無法確認新聞所說的這家診所提供的醫療服務究竟是何種醫療行為，假定，這家診所是某個地區唯一的一家診所，那麼，的確形成地區獨佔的現象，診所有訂價權(Price Maker)，這才會排擠到其他「付不起」掛號費的病人之醫療權益，政府才必須出面干預。

我向怡克納米斯提出我的疑問，當醫療資源成唯一種獨佔資源時，排擠到某些人的權益，公權力才需介入嗎？

「醫療資源本來就有共有財的特質，如果是獨佔的資源，就會失去公義成分，造成有錢人有錢看醫生，窮人卻享受不到醫療資源。」怡克納米斯補充說明（醫療資源為共有財的討論留待後述）。

「如果，這家收高額掛號費的診所，所提供的服務並非共有財，而是其特有的服務，那麼，收取高價的掛號費，可能有其特

殊考量，其他人就不必置喙了。」他提出自己的初步看法。

我再問他：「即使是特殊的醫療技術，難道一定是私有財(Private goods)嗎？」

他皺了一下眉頭，「這很難在一時之間解釋，如果醫療資源都是共有財的話，你想想，有誰會研發新藥，開發新的醫療技術？因為他知道一旦他的發現，最後都是被『共有』的話，他會有創新的誘因嗎？」

「再者，大部分國家都有專利的制度，讓專利的所有權人（並非一定是發明人）享有一段時間的『獨佔』權利，讓其享有一段時間內因研發或創新所帶來的收益，保障其智慧財產權，而在一段時間的專利權過後，公諸於世，變成是共有財。」怡克納米斯舉專利制度說明共有財有時候並非一開始就是共有財。

我大概知道怡克納米斯的意思，如果這家診所所提供的特殊醫療服務，即使是獨佔資源，政府或第三方在必要的時候也可以介入要其釋出，或者，診所負責人也可以在公義的基礎上釋出他的醫療資源。

掛號費與選課

其實，撇開共有財的問題，如果這家診所提供的服務，只是想透過「以價制量」的方式，提高掛號費，當然無可厚非。

舉個例子來說，熊秉元教授當年在臺大開課時，由於修課者眾，他無法區辨出哪些學生有高度的學習意願，出了「捐錢選課」的招數，為了是將有限的教學資源，用在學習意願最高的學生上，於是乎透過捐錢給公益機構，拿收據選課的「門檻」，篩

選出學習意願最高的學生。

　　但這招也會招致詬病，捐錢選課這種方式，要是遇到家境不好的學生又該如何解決？價格機能偶爾還是會失靈。

　　後來我修正後，改用提高修課門檻的方式來確定學生的修課意願，怎麼做呢？其實很簡單，我無法確定修課學生本身的學習意願，這本是資訊不對稱的問題，只要透過某個機制讓學生把修課意願表達出來，這樣不就資訊對稱了嗎？

　　道理在於修課門檻怎麼定奪，其實只要把點名成績適當的佔學期成績的某一部分（很多學校規定缺課佔考前應出席次數的三分之一以上即扣考，當科零分計算）。根據我的經驗，差不多是設在30%的門檻，就可以擋掉很多以為很好混的學生。至於，為何不是40%呢？這是為了避免自以為絕頂聰明的學生可以整學期蹺課（我不實施扣考，但缺課太多的學生普遍成績一定不佳），又可以很有把握的考試拿滿百所設計的。或者，可以設計個有點難度的專題報告，又佔和考試差不多的份量時，門檻一提高，大概可以確認修課的學生學習意願大致良好，如果還被當了（通常是蹺課太多），既然已經認同我這個修課規則，就不得有怨言了。

　　干預診所的掛號費，就好像某牛排館一客至少千元以上的牛排，高官富豪們也不會以為這牛排貴啊？然後立委大刺刺的去質詢經濟部長還是商業司長，請他們管管這家牛排店的售價？所以，立委和衛生署去干預「頂級診所」的掛號費（還偏偏不是健保診所），不就和去抗議高檔牛排館賣的太貴一樣的「無知」且「無趣」啊！（這樣的類比不是很適當，只是說明價格的干預有

時是很無理的。）

因此，當診所想以價制量時，病患又有其它就醫選擇時，政府干預掛號費的多寡，其實是多餘的。收1,000元掛號費的診所，其實有可能只是想透過以價制量的方式篩選病人，也並無不可之處，唯一可議之處也僅在於這位診所醫生，如果有高超的醫療技術，藥到病除的專業成所謂的名醫，政府應該介入補貼，讓他的醫療技術發揚光大才對。

醫療資源是不是共有財？

此時，就必須討論醫療資源是不是共有財的問題了。

醫療資源本來就具有共有財的特質，加上臺灣已經施行全保健保多年，雖說仍有待檢討，但對於加入健保後，無論貧富貴賤，大家看醫生的權益與費用大致上是一樣的，差異在於彼此的健保費不一而已（健保費當和所得掛勾時，本質上已經是「健保稅」了）。

我記得怡克納米斯特別注重計價的方式，因為計價方式若設計不當，極有可能事與願違。

同樣對於健保費設計方案，怡克納米斯表示他的看法：「當醫療資源變成是共有財之後，免不了就會出現『共有財的悲歌[23]』(the tragedy of the commons)這樣的結局。這個問題來自於

---

23 美國生態學家哈定 (Garrett James Hardin,1915-2003)提出共有財的悲歌，指當一項資源不屬於特定人或群體私有，那麼這項資源最終將因為人們的濫用而消耗殆盡。哈定舉出一個牧羊人與牧場資源的例子解釋他的論點。牧羊人應該極大化他牧場（這裡的牧場應指放牧的草原），並且儘可能的增加他的羊群，但每增加一頭羊，牧羊人可以從增加的羊隻上獲

健保費的設計，變成是『吃到飽』的結果，也就是每月一次性費用，讓病患使用醫療資源時，出現邊際成本過低的問題。雖然每次醫療費用有所謂的自負額，以感冒上診所求醫為例，掛號費50元，自負額100元，感覺上因為費用太低，病患會有誘因在感到『有點不舒服』時，就會登門求診。因為健保費是固定成本，病患會為了攤掉健保費，就胡亂就醫。」

那麼，小病看診所，大病看醫院的制度下，大醫院普遍掛號費比較貴的機制下，會不會讓病患基於較高的掛號費，而不會濫用大醫院的醫療資源？這是我的疑問，正因為我所看到的狀況並非如此。

怡克納米斯則認為：「在醫院分級的狀況下，並無法遏止醫療資源被濫用的情況，即使提高掛號費亦然。問題在於病患普遍認知是大醫院的醫療資源比較豐厚，顯然也會認為醫療技術也可能較為『有效』。因此，即使掛號費多貴了一些，還是能夠被接受的，這就是一種迷思。」

「另外，基層醫療診所並無法完全處理病患的症狀，必須透過轉診到大型醫院，這可以省掉一些掛號費。但問題是轉診所省下的掛號費，並無法和一些民眾取得醫療資源的迫切性相比較，因此，部分病患可能就直接選擇逕赴大型醫院就診，而非透過層層的轉診機制了！」怡克納米斯繼續補充他的看法。

我支持怡克納米斯的論點，事實上基層診所大致上還是以家醫內科、一般外科和牙醫診所為主，但醫療的專科的分科相當複

得所有的利潤，但牧場的承載力因為額外增加的羊隻有所耗損，最後可能寸草不生。

雜，即使一般診所的醫師，也無法完全診斷。因此，這個就醫環節中存在著醫療資訊的問題，病患會直接判斷他的症狀應該找哪個層級的醫療單位處置，而當某個地區的醫療單位並不普遍，或者在病患的居住地附近，無相關的醫療單位時，就近往地區的大型醫院就醫，就會變成病患的最佳選擇。於是乎，當一個病患有如此的想法，大部分的病患也會有如此的想法，最後的結果就會變成大型醫院人滿為患。

我提出我的疑惑，這應該不完全是病患的問題，在這個機制裡頭，有三個利害關係人，即政府、病患與醫療院所，撇開政府不談，醫療機構會不會也是促成病患「亂投醫」的問題，或者直接增加其就診的誘因呢？

「你說對了！有時候一個巴掌拍不響，關鍵問題在於，病患不會具備專業的醫療知識，因此，他必須具體接受醫生所提的建議。而當醫生的醫德受到考驗時，為了收益對病患實施過當的醫療時，拿沒病當有病，小病當大病，道德危害[24]的問題就會造成醫療資源過度使用。或者，礙於無法拒絕病患的要求，也會造成同樣的結果。」

當病患的行為受到健保費的誘因改變時，其結果就會出現很多人「將本求利」濫用健保資源[25]，健保資源用在實質醫療的地

---

[24] 道德危害(Moral Hazard)是指參與契約或經濟行為的一方，可能會面臨到對方可能改變行為的問題，而這個問題則會損害到己方利益的風險。道德危害乃事後發生的問題，在資訊不對稱的前提之下，另有可能在事前發生逆選擇(Adverse Selection)的問題，因資訊持有量不對稱，而造成市場交易不效率性的問題，如二手車市場經常充斥著不良品。

[25] 中央健康保險局企劃處約聘副研究員王玫，在其一篇文章「珍惜醫療資

方受到排擠，共有財的悲歌就會出現。當這個問題浮現時，若無法改變就醫習慣，片面限縮就醫資源，採取總量管制，試圖防止醫療院所浮濫的接受病患看診，就會出現病患半夜排隊掛號求診，或者得提早預約掛號這種詭異的現象。

掛號費怎麼訂？

掛號費的宣示有很多種作用，簡單分為兩種，一種是市場區隔，一種是以價制量。市場區隔就不用多談了，健保與非健保，後者一定貴，因為診所要你知道，他們是貴的有理，你也覺得貴的有理，這就得了，像我們這種貧窮小老百姓，誰會去這種高價診所仰人鼻息呢？

第二種是以價制量，擺明就是說診所不希望接太多病患，付不起錢的，趕緊走開去看別家，也許是醫生太出名，醫術高超到不堪其擾，出這招也合理啊！

至於健保體系的掛號費該不該收，收多少，這似乎是一種聯

源，談『部分負擔制度』中提到，當下列情況發生時，部分負擔制度仍無法發揮功能：

醫療服務的需求沒有彈性：例如對癌症、洗腎等重大疾病患者，部分負擔反而增加其財務負擔，因此全民健保對於重大傷病患者訂有免部分負擔規定。

部分負擔過低：例如過去公保體系，部分被保險人負擔10%的藥劑費，由於實際支付金額可能只是一、二十元而已，對於當時重覆拿藥、浪費情形並無改善。

醫療供給者的誘發需求：由於醫病間資訊不對等，消費者就醫時容易接受供給者建議，而產生對醫療服務的需求，造成部分負擔的效果不抵誘發需求的結果。

合行為，反正一般診所都是收50元掛號費，我見過診所剛開幕不收的，但沒多久就開始收了（聽說有人檢舉）。掛號費的作用大抵是支付一些經營費用，也就是說診所和醫院拿掛號費去付水電、瓦斯和薪資等費用去了，這筆50元的掛號費之所以大家都差不多，可以解釋說那這筆錢去支付一些經營費用，大抵是「夠」，或者是「可以接受」罷了。

至於診所要不要漲掛號費？可得考量一下競爭關係，正是診所實在太多了，萬一漲價，病人跑了怎麼辦？這就是競爭市場了，如果診所只關心病人會不會跑，鐵定不會漲掛號費。但話說回來，診所的要是能夠提供更好的醫療服務與問診品質，漲個掛號費我也可以接受，但一定會嚇跑一些病患。正因為這些病患的價格彈性太高，跑了，也無所謂，也不會影響診所的營收，但診所也會評估一下價與量之間的平衡。

自由市場一路演化下去，大抵是各取所需，有錢可以支付高價的往私人貴族診所，可以支付較高掛號費的往優質診所去，在乎掛號費的只能往競爭激烈的基層醫療診所擠，但醫療市場畢竟不是自由市場，這樣一來沒錢的不就沒人理，但別忘了健保之所以存在即是為了這層原因，有繳健保費，付的起50元掛號費和自負額的人，照理不會被醫院或會診所被拒之門外。

至於，若我是病患，我在乎的是醫療品質服務，我實在不會在乎診所收我50元，還是100元。

掛號費該不該被干預

政府該不該干預掛號費金額呢？我想醫院和診所已經很多

了，醫生都在「顧飯碗」，我相信掛號費一起漲價的問題不高（如果是，就是聯合行為，但現在的50元是不是也是一種聯合行為嗎？），立委和衛生署為何不想去解決比較頭痛的健保黑洞，老花時間殺雞焉用牛刀來玩這種雞毛蒜皮（相對於健保黑洞）的掛號費小事呢？

衛生署經常倡導小病往基層診所看診，不要去擠大醫院，所以大醫院的收費一定也比較貴，合理啊，這是一種價格門檻，但偏偏大醫院人特別的多，真是奇怪？大家都付得起較高額的掛號費和醫療費啊？為什麼衛生署和立委又自作主張的說「掛號費」有點貴呢？

最近幾次去醫院就診，發現原本就診序號原本是長長一串的報表紙，突然縮短了將近一半？怎麼回事？據說是總額管制的限制，讓每個醫生不能看超額的病人，也就是醫院不能多看病人。

這樣會產生什麼結果呢？假定每年生病就診往醫院跑的病患不變，這時候因為供給緊縮，就會出現需求高於供給的狀況。我記得在2010年初的時候，有新聞報導說南部某醫院出現有病患在半夜拿小板凳等候掛號的特殊場景，尤其在農曆過年前，因為年假的關係，很多慢性病必須回診，排隊的壓力還會更大……

為何醫院掛號愈來愈難，總額管制之後當然會限縮醫院的醫療供給，這時候就會出現醫療需求的缺口，為了競爭醫療資源，只有儘早排隊，新聞還說南部某病患動用親友五部電腦進行網路掛號，但結果竟然是掛到一號，如願了，但卻是55天後的第一號……這是金氏世界紀錄嗎？

香蕉經濟學

日本人平均每個家庭一年消耗20公斤以上的香蕉，愛吃香蕉是眾所皆知的事實，日本人愛吃香蕉的原因我並不清楚，但日本人卻把香蕉當必需品，日常飲食絕對少不了香蕉。

關於香蕉的好處，我也不必多言，因為香蕉裡外都可以利用，我甚至用香蕉皮擦過皮鞋，上次新聞還見到有小販還販售「炸香蕉皮」，生意還好到令人吃驚。而我愛吃香蕉的理由，其實是發現雜誌上的報導說香蕉是歐洲人最愛吃的水果之一，且歐洲人很早就發現，愛吃香蕉的人往往能保持快樂的心情。

讓人快樂的水果

就是這一點，吃香蕉可以「快樂」，讓我覺得猴子是不是因為愛吃香蕉，才會活蹦亂跳？

說到猴子與香蕉，我是不清楚猴子最喜歡吃什麼水果（其實猴子是雜食性動物），但有一回，我到高雄的萬壽山爬山，登山步道到處都是臺灣獼猴，碰巧聽見有兩位媽媽在平台上聊天，一

位媽媽說道，他兒子的國小老師問他猴子最喜歡吃什麼？他兒子不假思索的回老師：「葡萄和花生！」但老師卻斥責他說：「猴子最喜歡吃香蕉！」，他兒子哭的回老師：「可是我們山上的猴子不吃香蕉，只喜歡吃葡萄和花生！」

原來是山上這些臺灣獼猴被遊客寵壞了，經常的餵食之後，飲食習慣愈來愈「精緻」，據說會下山搶寺廟的供果，也搶過大學生的早餐和大學福利社的商品。

至於香蕉與快樂的研究，媒體報導[26]說匈牙利的研究人員在實驗中發現，香蕉中含有一種特殊的膠質，能夠在人體內能產生一種化學物質——血清素，且能刺激人體大腦神經系統，使人產生快樂、興奮和樂觀的情緒，匈牙利的研究人員因此稱香蕉稱為「快樂水果」。

臺灣一年四季都有香蕉

我很愛吃香蕉，在臺灣，一年四季都可以吃到香蕉。通常，在飯前一根香蕉下肚之後，自然而然白飯就少吃了，加上聽說香蕉對於我們這種經常會熬夜的人特別有幫助，加上快樂感，對香蕉當然要——情有獨鍾！

我住在臺中，臺灣中部市場賣的香蕉很多是南投中寮鄉出產的品種，據說中寮鄉香蕉曾是進貢給日本皇室的「天皇蕉」，但中部和南部的香蕉也是各有千秋！

我服役時的連隊輔導長劉晃賓先生（退伍後現經營南投中

---

26 詳見「快樂水果-香蕉」，大紀元，網址：http://www.epochtimes.com/b5/3/4/28/n305159.htm。

圖片來源：聯合知識庫

寮鄉「富茂有機農場[27]」）介紹兩地品種的不同點：「南部香蕉主要種植在平地中，因為南部溫度高，香蕉生長速度比中部快了很多（約三至五個月），因此南部田蕉的口感較為鬆軟。中部的山蕉因為產地在山區，灌溉方式只能透過雨水灌溉，加上南投山區氣溫低很多，所以香蕉的的生長速度相對比平地的南部田蕉緩慢很多。在秋冬產的香蕉生長週期更長達16個月，日本貿易商就愛秋冬季節所產的香蕉，因為口感很緊實。」

　　有一回，帶家人到輔導長劉晃賓先生的農場，體驗一下一日蕉農的感覺，才對香蕉的採收作業有了基本認識，但要從陡坡上把砍下的香蕉扛到農舍，對一個已經退伍二十幾年的「老兵」而言，的確相當吃力，但熟悉從採收到熟成催黃的作業之後，我才真正瞭解到臺灣香蕉出口的壓力──單位面積收成量不高，且單位成本很高（有關香蕉外銷的統計，文後會詳述）。

---

27 富茂有機農場，網址http://hungpin.organic.org.tw/。

香蕉的政治經濟問題

2011年有一陣子，在臺灣的政壇，因為當年香蕉產量過剩無法消化的問題吵得不可開交，甚至演變成國安問題與政治口水這等無聊戲碼。然天底下無聊的事情真的很多，政客偏偏就專挑這種香蕉芭樂的問題炒作，挑動農民的敏感神經，但正事一件事也辦不成，甚至，連最基本的經濟問題也無法辨識，站在農民的立場上真的感到非常無奈。

口水，真的無法解決經濟問題。

怡克納米斯就引用《第五項修煉》的內容提到：「供需失調已經是末端問題了，在問題的解析上是具有落後性，單純解決末端的供需問題，只具短期效果的『症狀解』，長期的『根本解』根本不在這裡！」

「果賤傷農是個事實，果賤一定會傷農也是個定論，但問題在於農政單位應該思考如何避免這個問題發生，而不是當問題發生時，再想辦法把這個問題『縮小』，應從農產的整體產銷下手，應該可以找出一個適切的方案！」怡克納米斯確切的指出問題所在。

「找農產的出口」（這裡的出口指的是方向性與解決方案）是怡克納米斯要陳述的重點，就像臺灣的土產鳳梨，在八卦山上的鳳梨酥崛起之後，原本價格不高的土產鳳梨，因為周遭鳳梨酥特產店的興起之後，一下子改變農產的生態，不只果農收益提高，連帶的帶動周邊的觀光與商機。想想看，一顆鳳梨也不過幾十塊錢，但一小塊鳳梨酥卻要價三十元到四十元，土產鳳梨經過

鳳梨酥加值過後，一下子身價暴漲，還形成一股「鳳梨熱」。

雖然政治引領經濟，但經濟問題不能單以政治手腕或政治口水來解決。對於臺灣的水果供需問題的解析，其實大一經濟系的學生，或者對經濟學原理略有涉獵的人的都可以輕鬆辨識，甚至提出一些解決方案，所以香蕉經濟的第一個問題即是：供過於求，果賤傷農！

怡克納米斯在《火星人經濟學》這本書中的一篇「廉價水果的噩夢」中提過：「果農有兩個噩夢，第一個噩夢就是萬一水果量產卻賣不到好價錢；第二個噩夢就是遇到天災，一年的辛苦卻毀之一旦。這兩個噩夢性質不太一樣，第一個噩夢和市場有關，屬於人為因素，至於第二個噩夢卻是自然環境的影響，是隨機的問題。」

因此，2011年的香蕉盛產，分明就是天氣過熱導致香蕉的成熟期縮短，因此，原本該稍微分散的產量，突然之間集中盛產，而當消費市場無法消化這麼多的香蕉時（外銷比例不高，約佔一成左右），自然而然地香蕉的價格就會下降，這本是市場供給需求所產生的結果。（事實上，2012年第二季以後的香蕉價格大漲，就因為產地受損減產所致。）

果農的經濟決策

每年，總是有很多水果會供過於求，果賤傷農的問題本就不是一天兩天的問題，在臺灣，香蕉的供給和需求彈性本來就低，也就是說當蕉農想要透過「降價」來吸引消費市場多消費一些香蕉，實質效果有限。有些水果降價了，消費者可能會多消費一

些，自是這類的水果需求彈性很高，但香蕉的供給彈性低，且需求彈性也低，所以當香蕉降價了，消費者恐怕無福消受降價多吃一些的好處。所以香蕉滯銷後，以前就見過成堆的往橋下倒，或者任其腐爛，不然就是政府收購，要求阿兵哥多吃一點香蕉，「保蕉衛國」了。

什麼時候果農會放棄採收水果任其腐爛呢？

果農會判斷，要是採收水果的收入不足以支付採收水果的成本的話，在入不敷出的情況之下，果農當然會任其腐爛，否則只有賣得愈多，損失愈多。這種情況用經濟學的術語是這樣說的：「當銷售水果的收入不足以支付短期的採收水果的變動成本時，最好的決策當然就是停止採收。」

果農任其水果腐爛本來就是出於自利的選擇，沒有什麼資源浪費的情況發生。至於怎麼解決供給過剩的狀況，最簡單的方式就是擴大消費市場，將水果外銷或者變化水果的食用方式都可以增加水果的銷量。另外，有一種方式可以減少這種情況發生，就是在果樹結果之前刻意「減產」，或者讓結果期分散，這樣一來可以保持產量的均衡，但這得所有果農一起實施才能生效。最後，還有一種不得以才實施的作法，就是政府收購，將大量的剩餘水果收購之後，流通在市場的水果就會跌回均衡量產的數量，價格也會回穩。但這個策略是個下下策，這些被收購的水果還不是任其腐爛，然後要所有納稅人買單而已罷了。

香蕉貿易統計

香蕉經濟學的第二個問題是：為什麼日本人不愛吃臺灣的香蕉了？撇開當年的政治問題不談，先來談談世界上香蕉產地的分布狀況。

香蕉是熱帶性水果，所以香蕉的產地一定是在熱帶（北半全或南半球），至於，全世界香蕉產量最大的國家是哪一個？答案是印度(India)！

根據聯合國糧食與農業組織(Food and Agriculture Organization of the United Nations, FAO)在2010年的統計資料指出，印度的香蕉產值為8,386,971（千）美元，產量為2,9780,000公噸(mt)，居世界第一，達中國大陸和菲律賓的三倍之多。

圖21　聯合國糧食與農業組織統計，印度的香蕉產量世界第一

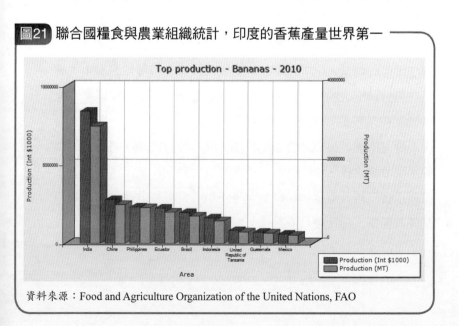

資料來源：Food and Agriculture Organization of the United Nations, FAO

| 表9 | 2010年世界各國香蕉產量 | | | | |

排序	國別		產值 (Int $1000[28])	產量 (mt)	產量佔比
1	India	印度	8,386,971	29,780,000	32.6%
2	China	中國	2,773,754	9,848,895	10.8%
3	Philippines	菲律賓	2,306,897	9,101,340	10.0%
4	Ecuador	厄瓜多	2,233,632	7,931,060	8.7%
5	Brazil	巴西	1,960,937	6,962,790	7.6%
6	Indonesia	印尼	1,620,806	5,755,070	6.3%
7	Tanzania	坦桑尼亞	823,686	2,924,700	3.2%
8	Guatemala	瓜地馬拉	714,658	2,637,570	2.9%
9	Mexico	墨西哥	592,371	2,103,360	2.3%
10	Colombia	哥倫比亞	572,933	2,034,340	2.2%
11	Burundi	蒲隆地	538,664	1,912,660	2.1%
12	Costa Rica	哥斯達黎加	493,963	1,803,940	2.0%
13	Thailand	泰國	446,357	1,584,900	1.7%
14	Viet Nam	越南	417,208	1,481,400	1.6%
15	Egypt	埃及	289,784	1,028,950	1.1%
16	Cameroon	喀麥隆	267,605	950,200	1.0%
17	Papua New Guinea	巴布亞新幾內亞	266,141	1,050,000	1.2%
18	Bangladesh	孟加拉	230,445	818,254	0.9%
19	Kenya	肯亞	222,930	791,570	0.9%
20	Dominican	多明尼加	207,011	735,045	0.8%

資料來源：Food and Agriculture Organization of the United Nations, FAO

---

[28] Int $1,000根據FAO的定義為Thousand International Dollars，以美元計價。參見 FAOSTAT FAQs(http://faostat.fao.org/site/565/default.aspx)及Glossary (http://faostat. fao.org/site/375/default.aspx)中的International Dollar prices和International dollars的 定義。

　　FAO的統計表因為缺乏臺灣香蕉的生產統計，必須透過臺灣官方的統計資料去對比FAO的統計。根據農糧署在2010年的統計資料指出，當年香蕉的產量為287,895公噸，每公噸單價為新臺幣13,820元，產值計新臺幣3,978,714千元，以產量的規模而言顯然無法和前二十大國家相比較。若按照臺灣銀行2011年12月30日當天的美元即期匯率為30.225元，計算當年的產值為131,637(Int$1000)，臺灣的排名在多明尼加(Dominican)的20名以後。

　　FAO的計算的單價平均為每公噸278美元[29]（非實際單價），遠低於臺灣的457美元（由農糧署的產值除以產量回推），也就是說以同樣的生產條件之下，臺灣的香蕉比國際行情多貴了64%之多。當然，每一個國家的種植條件不一，所以種植成本也會不一，只是以臺灣的小農結構下，種植成本顯然是無法和國際間大規模商業種植的成本相較。

日本不愛臺灣香蕉？

　　為了印證日本人對臺採購香蕉的季節，我調閱過農糧署的資料顯示，日本對臺香蕉採購的確有季節的分布，主要集中在秋冬季，這時候夏天產的南部香蕉日本人的確不愛採購，單價也比較便宜。但時間序列資料也反映出外銷日本的香蕉，不僅採購量愈來愈低，且逐年下滑。

　　根據農委會的統計資料顯示（圖22），臺灣出口的香蕉從民

---

[29]FAO計算農產品價格時，並非以官方匯率計算，有點類似購買力平價的觀念，也就是說在所有國家的所有商品的生產價值，是以在美國的生產的條件加以計算。

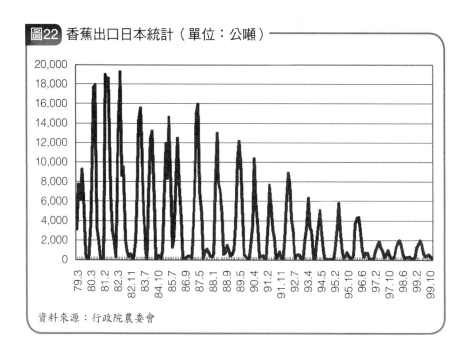

圖22　香蕉出口日本統計（單位：公噸）

資料來源：行政院農委會

國79年的48,146.30公噸衰退到民國99年的11,302.21公噸，也就是說二十年後的出口量僅佔二十年前的28.84%而已。

　　另外，民國98年到民國100年的香蕉平均產量約為255,393公噸，相較於當年出口到日本的香蕉，出口量僅佔平均產量的3.6%而已。比對農委會民國82年到91年的統計資料，香蕉的單位面積產量約在每公頃22公噸左右，但外銷比率從82年的31.1%下降到91年的10.9%，且幾乎全部外銷日本，也就是說有將近九成的香蕉是完全內銷。於是乎，當香蕉產銷失調時，很容易就會出現果賤傷農的結局。

　　1903年（明治36年），日本開始進口來自臺灣的香蕉，且臺

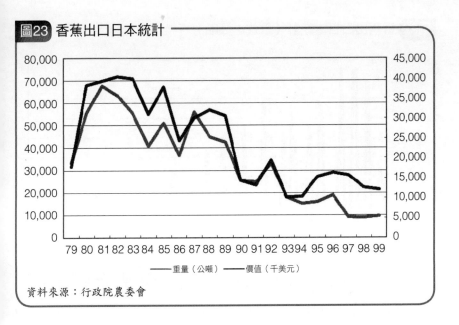

圖23　香蕉出口日本統計

——重量（公噸）　——價值（千美元）

資料來源：行政院農委會

灣的香蕉在日本是被視為奢侈品。近幾年來，香蕉連續7年被評為日本人最喜歡的水果，平均每個家庭一年消耗20公斤以上。那麼，日本人不買臺灣香蕉後，都去哪裡買香蕉呢？

答案是菲律賓。

從圖24中可以知道，在菲律賓的農糧產值上，香蕉佔第三位，在水稻和豬肉之後，雖產量佔比僅有9.3%，但產值佔比則高達12.5%，若換算單位產值為253.47美元，排名第十五位。

從菲律賓的單位香蕉產值來看，遠低於臺灣的數據，但也表示出菲律賓香蕉的價格，遠低於臺灣的香蕉。

圖24 菲律賓2010年農糧產量（值）

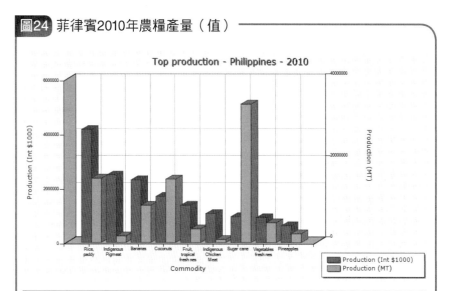

農產品	產值 (Int $1000)	產量 (mt)	產值佔比	產量佔比
Rice, paddy	4,159,474	15,771,700	22.6%	16.2%
Indigenous Pigmeat	2,478,571	1,612,350	13.5%	1.7%
Bananas	2,306,898	9,101,340	12.5%	9.3%
Coconuts	1,695,967	15,540,000	9.2%	15.9%
Fruit, tropical fresh nes	1,365,618	3,341,600	7.4%	3.4%
Indigenous Chicken Meat	1,059,306	743,682	5.8%	0.8%
Sugar cane	950,093	34,000,000	5.2%	34.8%
Vegetables fresh nes	912,469	4,842,200	5.0%	5.0%
Pineapples	618,330	2,169,230	3.4%	2.2%
Indigenous Cattle Meat	504,803	186,869	2.7%	0.2%
Mangoes, mangosteens, guavas	494,718	825,676	2.7%	0.8%
Maize	322,546	6,376,800	1.8%	6.5%

農產品	產值 (Int $1000)	產量 (mt)	產值佔比	產量佔比
Hen eggs, in shell	321,251	387,335	1.7%	0.4%
Indigenous Buffalo Meat	284,342	105,635	1.5%	0.1%
Other bird eggs,in shell	224,392	77,800	1.2%	0.1%
Cassava	206,699	2,101,270	1.1%	2.2%
Natural rubber	149,190	130,430	0.8%	0.1%
Indigenous Goat Meat	132,222	55,183	0.7%	0.1%
Cashew nuts, with shell	117,888	134,681	0.6%	0.1%
String beans	112,951	118,454	0.6%	0.1%

資料來源：Food and Agriculture Organization of the United Nations, FAO

　　香蕉在菲律賓是透過大規模的農場式生產栽種，且都是在大型超市銷售，這和臺灣的栽種方式與銷售方式完全不同，也因為是大量栽種，所以菲律賓香蕉的生產量與價格在香蕉出口的價格競爭力上具有絕對優勢性。

　　日本人認為香蕉在菲律賓的供應鏈系統，把香蕉當做「工業產品」的標準進行量化生產，因此，過去「美味」高於「品質」的思維方式已經不具意義了。結果，過去臺灣的香蕉在日本是奢侈品，現在日本人認為香蕉是消費型商品，味道已經是其次的選項。於是乎，香蕉在日本已經是價格取向的商品，且品質的穩定度要佳，臺灣的香蕉當然失去出口競爭力。

　　在日常消費且價格取向的日本香蕉市場，臺灣香蕉失去的不僅是價格競爭力，也因為量少，臺灣香蕉對現階段日本年輕人的

認知上，根據日本的調查，八成以上的學生幾乎不知道臺灣香蕉。

　　日本人對於臺灣香蕉的價格認為很貴的原因，即是因為臺灣香蕉產地都是小農式生產，而口感較佳的北蕉，絕大部分都是在山坡地種植，更難具有大規模種植的經濟效益。

　　根據日本財務省的統計，日本進口水果中以香蕉高居第一名，2011年進口總量為106,4124公噸，以進口量來論，日本從臺灣進口香蕉的總量佔比僅為1%而已，而從菲律賓進口的佔比則高達95%，價格僅為臺灣香蕉的53%而已，也就是說，光以進口單價而言，臺灣香蕉進口日本的單價是最貴的，但總量僅為輸入量的1%而已。

　　從經濟理論來論，香蕉對日本人的消費習慣已經改變。過去，臺灣的香蕉對一般人來說是奢侈品，故消費的價格彈性極低，高價的臺灣香蕉不只是價格高，口感也好。但消費習慣改變

表10 2011年日本進口香蕉統計

順位	輸入國	輸入量 （公噸）	輸入額 （萬元）	佔比	單價 （Kg/元）
1 位	菲律賓	1,004,098	673億7,155	95%	67
2 位	厄瓜多爾	34,282	22億7,395	3%	66
3 位	祕魯	8,758	5億7,360	1%	65
4 位	臺灣	8,430	10億7,230	1%	127
5 位	墨西哥	3,063	2億4,567	0%	80

資料來源：Kudamononavi.com

後，香蕉在日本已經是很普遍的消費品，所以價格彈性變高了，價格敏感度一高，臺灣高價的香蕉反而不具市場性。

　　從價格彈性的改變，供應模式也必須改變，過去是生產者決定市場價格，現在是市場決定價格，價格決定生產成本，生產者必須設法壓低生產價格才能供應到終端市場。就臺灣的蕉農而論，生產模式不能改變，且因香蕉極因颱風受損，生產價格已經決定日本人不愛臺灣香蕉的原因了。

07 健康捐抽愈多，菸會抽愈少？

我不抽菸，但不代表我沒過抽過菸。過去年輕時候，對那種吞雲吐霧的感覺感到相當好奇，以時下的術語來講，就是要尋找一種FU罷了，就好像是「少年聽雨歌樓上，為賦新詞強說愁」（結合了宋詞中蔣捷的「虞美人」和辛棄疾的「醜奴兒」）罷了，根本「不識愁滋味」。

當時，我記得人生的第一包洋菸（臺灣早期的洋菸來源很多都是走私菸）抽了快個把月，索性不抽的原因是根本找不到所謂的FU，不抽就戒掉了，其實也沒上癮

有一回，我在一位部落客的一篇探討菸品健康福利捐（以下簡稱健康捐）的文章中按下了「推薦」，另一位眼尖的部落客，問我以經濟學作家的身分，為何推薦這篇文章呢？回頭看看兩位部落客的筆戰，其實各有各的立場。一人認為健康捐應該「專款專用」，另一人則主張「禁菸」，並認為既然抽菸的人對其他人產生外部性，即是代表也損害到其他人的健康，因此，健康捐應是健保的「一部分」。

　　一不小心被筆戰燒到，但平心而論，這兩位部落客的主張好似雞生蛋，蛋生雞，到底是先有雞，還是先有蛋呢？

　　先回到主題見健康捐上。

臺灣的健康捐

　　目前臺灣還沒有針對酒類開徵健康捐，僅針對菸品開徵。

　　國立空中大學公共行政系李允傑教授在「菸酒管理修法應對症下藥[30]」一文中指出，臺灣自2002年開徵菸品健康捐以來，從每包5元到2009年的每包20元，一包菸品的稅捐已近35元，價格因素的確增加了更多的走私誘因。而臺灣過去多以仿冒知名品牌的走私型態已悄然發生變化，從關稅總局及各縣市財政局處所緝獲的私菸來看，這幾年來以「少量進口、大量走私」方式的低價白牌菸（售價約30元），已嚴重干擾正常合法的市場，不僅侵蝕了國家的稅收，也戕害了消費者的健康。

　　回歸到法令上。根據菸酒稅法第7條、第8條及菸酒稅稽徵規則第11條、第12條的規定，菸酒稅採從量課稅，按其單位應徵稅額乘以當月份出廠應稅數量或進口應稅數量。

　　現行的菸酒稅是採從量稅，在菸稅的部分，根據菸酒稅法第7條、第22條及菸害防制法第4條的規定如下：

一、按其使用原料的不同，分為4類課稅，應徵稅額如下：

　（一）紙菸：每千支徵收新臺幣590元。

---

30 詳見財團法人國家政策研究基金會「國政評論」中的「菸酒管理修法應對症下藥」一文，網址：http://www.npf.org.tw/post/1/7280。

（二）菸絲：每公斤徵收新臺幣590元。

（三）雪茄：每公斤徵收新臺幣590元。

（四）其他菸品：每公斤徵收新臺幣590元。

二、菸品另徵健康福利捐，其應徵金額如下：

（一）紙菸：每千支徵收新臺幣1千元。

（二）菸絲：每公斤徵收新臺幣1千元。

（三）雪茄：每公斤徵收新臺幣1千元。

（四）其他菸品：每公斤徵收新臺幣1千元。

　　根據菸酒稅法的規定，一包二十支裝的菸品稅負部分（不計進口關稅），包含了菸稅11.8元，以及健康捐20元，合計為31.8元，幾乎佔了零售菸價的一半。

　　在行政院衛生署網站提供的「菸品健康福利捐辨識標記問答集」提到：

一、為何要調漲菸品健康福利捐？

　　答：與鄰近國家像日本、韓國、香港及新加坡國家相較，我國的菸品價格相對偏低，我國菸價僅為所得相近國家的1/3，研究指出，漲高菸價可以價制量降低吸菸率。因此，自98年6月1日起，國外進口或國內製造的菸，課徵的健康福利捐均由每包菸10元調漲為20元。

二、菸品健康福利捐將會用在那些用途？

　　答：菸品健康福利捐除了用於原來的全民健康保險安全準備、中央與地方菸害防制及衛生保健工作、社會

> 福利、私劣菸品查緝、防制菸品稅捐逃漏、菸農及
> 相關產業勞工之輔導與照顧等用途；菸品健康福利
> 捐調漲後課徵的稅捐將用於癌症防治、醫療資源缺
> 乏區域、經濟困難者、罕見疾病等用途，提供弱勢
> 族群的健康照顧。

　　這裡提到為何要調漲健康捐的理由是臺灣的菸價相對過低，因此，提高菸價可以抑制吸煙率，這種調漲的論點在經濟學上是說得通的，只要菸品是正常財貨(Normal Goods)就具有價格彈性，差異點只是在於彈性的大小而已（關於菸品的價格彈性，容帶後述）。

　　在「菸品健康福利捐分配及運作辦法」中規定：

第 4 條

　　菸品健康福利捐之分配，應視受輔導與照顧者實際需求，以定額先分配供菸農及相關產業勞工輔導與照顧之用。但其金額不得超過前一年度菸品健康福利捐徵收金額之百分之一，由行政院農業委員會依年度預算程序編列，其餘額依下列比率分配之：

　　百分之七十供全民健康保險之安全準備。

　　百分之五點五供癌症防治之用。

　　百分之四供提升預防醫學與臨床醫學醫療品質之用。

　　百分之二點五供補助醫療資源缺乏地區之用。

　　百分之二供罕見疾病等之醫療費用之用。

　　百分之六供補助經濟困難者之保險費之用。

百分之三供中央與地方菸害防制之用。

百分之三供中央與地方衛生保健之用。

百分之三供中央與地方社會福利之用。

百分之一供中央與地方私劣菸品查緝及防制菸品稅捐逃漏之用。

第 5 條

菸品健康福利捐之運作方式如下：

供前條第一款至第八款之用者，其受分配機關為行政院衛生署及所屬機關。

供前條第九款之用者，其受分配機關為內政部及所屬機關。

供前條第十款之用者，其受分配機關為財政部及所屬機關。

供前條菸農及相關產業勞工輔導與照顧之用者，其受分配機關為行政院農業委員會及所屬機關。

前項各該受分配機關獲配款項之運用，應納入其主管之單位預算採收支併列方式辦理或其主管之特種基金循預算程序辦理，並建立完善之管理機制。

有了法令的解釋之後，可以很清楚的知道健康捐使用的範圍，並非「專款專用」，也即是說，健康捐並非僅是提供菸害防制之用（感覺有點保險的意味），主要以全民健康保險之安全準備為主，佔70%，用於菸害防制的比例僅為3%而已。所以，感覺上健康捐僅是對癮君子的懲罰稅而已，用以價制量的方式降低

抽菸率。

抽菸的外部成本

　　假定，一國主張禁菸，就不會有外部成本的問題，顯然，就不會有健康捐的存在，但這社會也就減少了一些快樂效用（不可否認菸和酒有這效用）。

　　禁菸這個問題碰巧踩到怡克納米斯的敏感神經，他認為「禁止」就是一種干預，而事實上過去臺灣還未開放進口洋菸時，走私菸的問題幾乎是個常態，正因為管制之下（當年為菸酒專賣制），市場需求的問題一定會促使黑市交易。

　　怡克納米斯補充他的觀點：「禁止與管制都會造成黑市交易，後者更會直接造成稅收的損失。若政府宣布禁菸，黑市價格一定會飆高，這和禁止毒品一樣。但管制下，進口菸價因為包含了高額關稅，因此售價會攀高，造成了走私菸的逃稅誘因，也因為逃稅，所以走私菸品的價格可以低於進口菸品，私梟更有巨額的獲利誘因。於是乎，癮君子造成的菸害外部成本也無法內部化，所以，管制與禁止的效果其實不高。」

　　酒，我知道在某些國家有禁止，但禁菸，僅有不丹這個國家完全禁止購買和吸食菸草。

　　根據怡克納米斯的說明可以推論出，既然菸品的管制與禁止收不到實質效果，除非立法說「抽菸者死」（這是一種譬喻，主要是說當吸菸可能受到的懲罰成本高過於因吸菸所得到的效用），不然，這種監督成本實在太高，這也是社會成本，所以，賠了夫人又折兵。

　　那菸（酒）都開放呢？這又是另外一個問題，既然無法禁止，開放會好一些嗎？這是我的疑問，我相信怡克納米斯一定有他的見解。

　　他僅僅回答說：「那僅僅是程度上的問題，不是很好，也不會很壞。」這是他一貫回答問題的態度，在沒有確切根據與事實之前，一切的討論，都有「答案永遠不止一個」的論點。接下來，根據這個論點，他所認識的經濟學，根本不會去討論是與非這種問題，正因為是非是兩個極端的點，但事實上兩個點之間，卻有無限的可能。

　　先看好處好了，菸酒都開放的話，政府就有稅收（指的是菸稅和酒稅及健康捐），這部分一進口（或製成）時政府就抽走了，當成是稅收的一部分，至於用到哪呢？我也不知道（健康捐用於菸害防制的比例僅為3%而已），但抽菸和喝酒的人會享受到一點快樂，但這點快樂，有時會造成他人利益上的損害。

　　再來看一下有哪些壞處，大家都知道，抽菸與二手菸害的問題，這部分是成本，前者是先樂後苦的成本，後者是莫名其妙被強諸的成本，假定，在沒有任何醫療福利的情況下，抽菸導致的健康醫療費用只能自己承擔（假定不

圖片來源：聯合知識庫

會被轉移或擴散），這也無可厚非。但問題在於後者，二手菸害就算倒楣嗎？怎麼解決呢？

第一，抽菸者對受二手菸害的人的賠償，怎麼賠？賠多少？

第二，政府買單，抽菸者沒事？

第三，政府和抽菸者各共同負擔，比例多少？

第一項看起來是交易成本的問題，理論上可以透過市場機制解決，問題也在純理論，只要把財產權界定好，市場機制自然會去調節。也就是說若癮君子有抽菸的權利，那麼，怕受菸害的人可以付錢請他們少抽一點，或者不要抽。反過來說，癮君子沒有抽菸的權利，他們可以付錢請別人讓他抽菸，或者付更多錢多抽一點。（臺灣的火力發電廠或煉油廠都有付給周遭社區一筆社區回饋金，即是這個道理。）

第二項是早些年的情況，抽菸所造成的危害，由政府買單，大抵就是健保的範圍，但政府買單就是全民買單，外部性的問題並沒有解決。

第三項即是現有的狀況，健康捐和健保費共同負擔。

這就是兩位部落客爭議的所在，一人認為專款專用，另一人則視為是一件事。

現在就得探討一下哪種比較好？或者有更好的方式嗎？但後者所言其實已經是一種事實——健康捐補助健保。健保局曾經提出，菸品健康捐補助健保費案，由於補助經費來源有限，因此，係以低收入邊緣戶且目前在繳納健保費有真正困難的經濟弱勢民眾為補助對象（6%供補助經濟困難者之保險費之用）。

　　至於，為何要有健康捐呢，之前提過，是一種外部成本內部化的方式，但還有一種理由，就是「故意」調高菸價：與鄰近國家像日本、韓國、香港及新加坡國家相較，我國的菸品價格相對偏低，我國菸價僅為所得相近國家的三分之一。研究指出，漲高菸價可以價制量降低吸菸率，因此，調漲品健康福利捐。

　　討論到此，可以歸納出健康捐的作用有二：第一，外部成本內部化和調高菸價；第二，希望能夠減少抽菸人口。但抽菸這件事的價格彈性每人不同，抽健康捐能夠減少多少抽菸人口其實也很難評估。

健康捐用到哪去？

　　臺灣自1987年起開始徵收菸稅，依「中美菸酒協定」每包菸品徵收16.6元公賣利益，加入WTO後制定「菸酒稅法」，明訂每包菸品僅徵收11.8元菸稅，而健康捐則是在2000年，民間團體成功推動開徵菸品健康福利捐，2002年開始每包徵收5元，2006年再加徵5元，2009年又通過加徵10元，總計目前健康捐為每包菸20元。

　　表11為財政部賦稅署的「歷年菸酒稅及菸品健康福利捐實徵數」統計表，自開徵的91年度至100年度為止，整體的菸稅與酒稅，大致上維持幾乎各為一半的比例，惟酒稅稍微高於菸稅，總體的稅收先高後低（最高為95年度）。至於健康捐自開徵以來的82.98億元，到100年度已經增加到316.09億元，其間歷經兩次的調漲，分別是95年由5元調整至10元，98年6月1日再由10元調漲至20元。

| 表11 | 歷年菸酒稅及菸品健康福利捐實徵數/單位：億 | | | | | |

年度	菸酒稅稅收	菸品稅收		酒品稅收		菸品健康福利捐
		實徵數	比例	實徵數	比例	
91	411.88	195.84	47.55%	216.04	52.45%	82.98
92	497.72	240.55	48.33%	257.17	51.67%	102.20
93	483.36	228.00	47.17%	255.36	52.83%	96.61
94	504.43	245.18	48.61%	259.25	51.39%	103.59
95	510.42	243.73	47.75%	266.69	52.25%	175.08
96	504.15	234.52	46.52%	269.63	53.48%	198.88
97	495.06	237.32	47.94%	257.74	52.06%	201.15
98	453.49	213.73	47.13%	239.76	52.87%	249.11
99	445.16	205.06	46.06%	240.10	53.94%	347.95
100	446.60	203.98	45.67%	242.62	54.33%	316.09

資料來源：財政部賦稅署

　　由健康捐用於菸害防制的比例為3%計算，100年度用於菸害防制的經費為7億2786萬元。

　　健康捐並非專款專用，反而是拿來補貼健保及其他開支，並沒有將外部成本內部化之後的款項，完全用來作為防治菸害及菸害的健康損失。至於，健康捐要專款專用，實際上執行有點困難，但限縮補貼用途是行政措施的問題。但這也衍生一個爭議，健康捐全額納入健保收入這個大池塘，會不會影響到健保支出的分配公平。過與不及之處，似乎有失公平與正義的問題。

菸品的價格彈性

　　至於，開徵健康捐，或者提高健康捐是否會抑制吸菸的次數與頻率，易言之，即是吸菸這項消費是有彈性的(elastic)。

　　回歸到經濟理論，所謂的價格彈性(price elasticity)指的是當價格變動一單位時，所引起的消費量變動的程度，即是價格變動對消費數量的敏感程度。

　　在葉春淵等人的一篇「菸品健康福利捐對香菸消費量及產業之影響[31]」中指出，在國產、進口菸的價格彈性-0.645及-0.818的前提下，若健康福利捐再調漲5元，將使國人平均每人國產香菸及進口香菸消費再減少4.25 包及4.93 包，合計平均每人的香菸消費量減少9.18 包，平均每人香菸消費量減少8.58%。此時新的香菸消費量減少至17.9億包（以2004 年人口計算），政府菸稅收益為390.32 億元，其中菸品健康福利捐約179億元，即菸品健康福利捐可多增收89.52 億元。

　　菸品是一種正常財貨，基本上都是有彈性的，當菸品漲價，消費者自然而然會減少菸品的消費，在國產菸與進口菸的價格彈性皆小於1的情況下（取絕對值），價格因福利捐上漲而上漲，整體的菸品支出對癮君子而言還是會上漲，因其無替代品可言，但菸品的消費量仍會下降（進口菸品的彈性高於國產菸，下降更多）。

　　我覺得菸稅和健康捐似有調高的必要，至少可以達成兩大目

---

31 葉春淵、李家銘、陳昇鴻、黃琮琪，菸品健康福利捐對香菸消費量及產業之影響，農業經濟半年刊，78 期，民國94 年12 月。

的：減少菸品消費和彌補健保赤字。

目前世界各國也陸續提出增加菸稅的措施：

在世界衛生組織的《菸草控制框架公約》[32]（WHO Framework Convention on Tobacco Control, WHO FCTC)被越來越多的國家批准生效後，增稅成為減少菸草消費的一個主要途徑，許多簽署國也開始不斷地提高菸稅。

(1) 在2008年國家預算中，南非財政部再次將菸價提高，以便降低菸草消費習慣。

(2) 根據歐盟委員會的建議，從現在起到2014年菸品的消費稅將由目前的57%提高到63%，該措施將有助於在未來五年內減少10%的歐盟菸草消費量。

(3) 2008年初，韓國政府稅務部門對外宣佈，政府將再一次提高菸稅，以抑制捲煙消費量的增長。

(4) 日本研究團體宣稱，每包菸價至少為1,000日元，這個價格將有助於大幅降低菸品所造成的死亡。如果菸價訂在每包1,000日元，46%的菸民將完全接受醫療治療成功戒煙，在20年的時間內，將避免19.5萬人的死亡。

(5) 美國於2008年1月1日起，20支裝和25支裝的菸稅分別上

---

[32]《菸草控制框架公約》全文38條，其宗旨在於促進各國認知菸草對健康的危害，並要求締約方應透過有效的立法、實施、行政及其他措施，積極推動菸害防制相關工作，該公約業於2005年2月27日正式生效。我國業於2005年3月30日獲總統批准「世界衛生組織菸草控制框架公約」並頒發加入書。（見國民健康局網站：http://www.bhp.doh.gov.tw/bhpnet/portal/LawShow.aspx?No=200803110001。）

漲1美元和1.25美元。

(6) 德國的菸稅在2004年1月1日開始增加0.4歐元，然後在2004年10月1日增加0.3歐元，最後是在2005年7月1日增加0.3歐元。

(7) 在歐盟國家中，法國的菸稅僅次於英國，菸稅是法國財政收入的一大來源之一，菸價的79％都由政府以稅收形式收繳。2002年法國的菸稅收入為110億歐元，在2003年1月增稅將近18%之後，法國從2003年9月8日開始再次增稅約20%。法國的菸稅對最流行的品牌將由佔零售價的59%到一般零售價的62%。此外，每盒的最低稅從每1,000支106歐元到每1,000支108歐元。

和世界各國比較起來，臺灣的菸稅似乎過低，應該還有調高的條件才對。

菸稅與健康捐的問題同時扯上二代健保頻傳財務問題，2012年10月，立委就提案，要將健康捐提高到每包100元，並採一次調足、分段實施的方式，分七年將菸品健康捐提升到符合國際市場價格，同時希望降低國人吸菸率到一成左右，預計每年菸捐收入可達1,300億元，並依專款專用原則，健保收入可有800億元的挹注，如此一來就可以免去收取補充保費的困擾。

菸稅的問題，看來還得和菸商的遊說持續拔河。

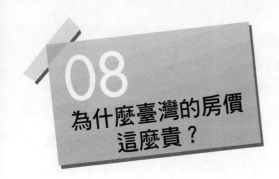

房地產不是總體經濟的領頭羊

　　朋友經常問我關於臺灣房市的現況，都想瞭解何時才是買屋的好時機？但我老是覺得臺灣的房屋市場，在建商、代銷、房仲與投資客的操作之下，充斥著資訊不對稱[33]的現象。也因為如此，學者以泡沫來論臺灣的房屋市場，而實際上儘管這幾年在金融風暴後，臺灣的經濟雖短暫復甦起色後，又馬上陷入景氣衰退，但臺灣的房屋市場卻是矛盾的一頭熱，房價一直追高，然實際上卻是大家的口袋裡的財富一直縮水。

　　照理，財富縮水後，房價應該起不了支撐作用，事實上，房價卻是悖離景氣，一直獨秀，僅僅在2009年全球金融風暴後出現價格的修正，然實際上卻出現「量縮價揚」的現象。如果，把時

---

[33] 資訊不對稱(Asymmetric Information)，指交易中的各人擁有的資料不同，掌握資訊比較充分的交易對手，往往處於比較有利的地位，而資訊貧乏的另一方，則處於比較不利的地位。

間序列拉長，從圖25的「國泰房價」指數的趨勢看，在不景氣的時候，通常「量縮」會先反應，爾後才會有「價跌」的現象，如此看來，成交量應可以視為一種房價的「領先指標」。

但時間序列也同時告訴我們一件事，自2000年網路泡沫化後到2012年，整體的房價指數已經從40%飆升到超過120%，幾乎是三倍之多，難不成臺灣的房價可以抗跌不景氣？這也是令人不可思議之處。

臺灣房屋市場是否過熱，就看看大家是不是都在買房地產，很顯然地，近幾年臺灣景氣的確不好，媒體經常講大家收入變少，中產階級變成新貧階級，那麼，大家有能力買房子嗎？理論上，當收入變低時，置產的能力也會變低，房屋市場應該熱不起來，但我們經常見到當經濟景氣變差時，尤其是物價又攀高時，建商紛紛說此時應該「買屋保值」，然後購屋需求被點燃，房屋供給又一頭熱的投入搶建，感覺上似乎事實與理論悖離。

於是乎，不管景氣的榮枯與否，臺灣的房市似乎一直都「欣欣向榮」，扮演著總體經濟的火車頭，正是因為房地產與營建相關產業涉及到相關產業的發展，因此，只要房地產復甦，相關產業的支出亦會啟動，程度上有點類

圖片來源：聯合知識庫

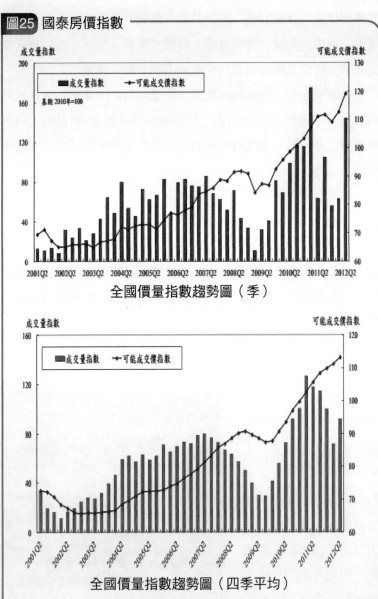

圖25　國泰房價指數

全國價量指數趨勢圖（季）

全國價量指數趨勢圖（四季平均）

資料來源：2012年第二季「國泰房地產指數季報」，國泰房屋，2012年7月26日

似「領先指標」意味。

怡克納米斯也經常調侃說，建商可以每年從329檔期一路喊多到928檔期，周而復始，房地產年年一片欣欣向榮，接待中心一路喊完銷——Clearing，每坪單價一路追高，在百業蕭條之際，唯獨營建業一路看好。在消費不振、失業率高、薪水縮水、物價上揚和百業蕭條之際，如何能相信房市會看好？這又是一件很詭異的現象。

他舉財團法人國土及不動產資訊中心「房地產市場景氣與總體經濟景氣的關係說明[34]」一文中指出，臺灣的房地產為「火車頭工業」的說法似乎與現實狀況不符，過去多數時期在總體經濟景氣復甦之際，房地產業卻相對毫無起色。根據學者針對國內房地產市場以「產業關聯分析法」與「景氣綜合指標分析法」所進行的研究顯示，在「生產者價格交易表」的計算基礎下，房地產業的「向後關聯」效果並不成立；且透過二者在時間上領先、同時、落後關係來看，反而有較多證據支持「房地產景氣落後總體經濟景氣」。

因此，怡克納米斯認為，在臺灣，光是就房地產為總體經濟的領頭羊指標這件事而言，實際上是很難成立的。

數據可以說明一切，我從中央銀行的統計資料中進行分析（如圖26），在1995年到2011年間，從建築貸款餘額及購置住宅貸款餘額成長率與GDP成長率的相關係數而言，建築貸款餘

---

[34] 財團法人國土及不動產資訊中心「房地產市場景氣與總體經濟景氣的關係說明」一文，請參見：http://www.ippi.org.tw/realestate/Market/MarketIndex.aspx?mode=aa030207。

額成長率與GDP成長率的相關係數為0.37，而住宅貸款餘額成長
率與GDP成長率的相關係數為0.43，均呈現弱正相關，建築貸款
餘額及購置住宅貸款餘額成長率與GDP成長率的相關係數兩相
比較，購置住宅貸款餘額成長率與GDP成長率的相關性反而較
高。

　　雖然建築貸款餘額與住宅貸款餘額成長率這兩者與總體經濟
的成長率之間，不必然有因果關係，但從走勢而言，彼此的相關
性其實不大。據此，臺灣的房地產表現，很難說是總體經濟的領
先指標或者是領頭羊，因為長時間的正相關性並不高，若把時間
縮短更有可能出現負相關的現象。

圖26　建築貸款餘額及購置住宅貸款餘額與GDP成長率比較圖

資料來源：主計總處與中央銀行（時間：1995年至2011年）

　　數據，是無法支持建商的榮景氛圍，但建商築起的氛圍，透過媒體的大量置入性行銷，與同業間的協力「唱多」，會讓很多購屋者相信此時不買，更待何時，且透過喊價追漲的方式，讓購屋者急於下手，其實，這都是假象。

　　正因為，所有的購屋資訊對買方是不利的，大多是掌握在賣方手中，這正是交易資訊不對稱的問題。

　　從另外一方面來看，當物價上漲時，常會看到售屋廣告大舉「買屋保值」、「買屋抗跌」的標語，假定買屋者皆相信售屋廣告，照理，住宅貸款餘額成長率和物價成長率應該出現同向，且出現高度正相關才對。

　　比較1996年到2011年，將物價成長率（不含蔬果水產及能源）和建築貸款餘額及購置住宅貸款餘額成長率進行比較相關係數，發現建築貸款成長率和物價成長率之間呈現弱負相關(-0.22)，購置住宅貸款餘額成長率和物價成長率之間呈現弱正相關(0.14)，因為兩者的相關係數趨近於0。嚴格來說和物價成長之間並無直接相關，簡言之，「買屋保值」與「買屋抗跌」的標語，單單只是口號而已，購屋者並不會因為物價的漲跌作為購屋的參考依據。

房市的警訊

　　在2007年起，臺灣的銀行都要實施新巴賽爾資本協定(Basel II)[35]，規定銀行的資本適足率要提高到8%以上，而土建融資屬

---

[35] 新巴塞爾資本協定(Basel 2)，是由國際清算銀行(BSC)下的巴塞爾銀行監理委員會所促成，內容針對1988年的舊巴塞爾資本協定(Basel 1)做了大

於高風險的專案融資，銀行融資給建商的風險本來就高，貸款銀行得賭建商能否順利把成屋賣出，否則，建商拍拍屁股走人，受傷的可是銀行。

所以，當景氣一有風吹草動，逐漸出現衰退的趨勢時，銀行想必會對土建融資大幅緊縮，以免集中的風險過大，觸犯地雷，並引發連鎖效應（建商的上下游的關係非常複雜）。再來，聰明的銀行早已發現購屋貸款很多是投機客，為了降低貸款風險（投機客以債養債），就會降低貸款額度與成數。

簡言之，在銀行的適切管理下，金管會和中央銀行其實不用急著找銀行業者「喝咖啡」或者是對其曉以大義，按風險管理機制，銀行自然而然就會管理其暴險，監控放款程度。但銀行的體質不一，或多或少都存在著道德風險[36]的問題，還是會有一些銀行甘冒風險來承做高風險的放款業務。過去，雙卡風暴的歷史過程得到證實，銀行的損失約是2,500億元左右，依現行金控設立門檻最低資本額200億元、資產總額3,000億元計算，當年的損失，至少是五家金控的法定資本額，約一家金控的資本總額。

2007年雙卡風暴平息之後，全球金融風暴尚未來臨之前，臺灣的銀行開始轉向衝刺房地產放款，不消多久，馬上出現過熱訊

幅修改，以期標準化國際上的風險控管制度，提升國際金融服務的風險控管能力。Basel 2規定銀行的資本適足率（以銀行自有資本淨額除以其風險性資產總額而得的比率）要達8%以上。

[36] 道德風險(Moral Hazard)乃指參與契約的一方，所面臨的對方可能改變行為，進而損害到本自身利益的風險，屬於事後的風險。在資訊不對稱的問題上，尚有事前的逆選擇(Adverse Selection)問題，指由於交易雙方資訊不對稱產生劣品取代良品，出現市場交易產品平均質量下降的現象。

號，讓當年的中央銀行與金管會頻頻針對房地產放話，就怕擔心景氣反轉造成金融與營建兩大產業的創傷。

舉2005年與2006這兩年為例，臺灣的房貸規模每年約以5,000億元的速度增加，兩年即挹注新1.02兆元的資金到房屋市場，然平均房貸利率低到3%以下，只比定存利率高出不到1%，擺明銀行對放款業務進行削價競爭。

這又讓我想起一件事，在雙卡風暴之前，銀行一方面大量貸放無擔保的信用貸款，另外一方面，卻又推出高利率的定存向市場吸金，不消多久，風暴即來臨了。

在法令上，依銀行法第72條規定，住宅建築及企業建築放款總額，不得超過放款時所收存款總餘額及金融債券發售額之和之30%，也就是說銀行吸收100元存在銀行裡，只能有30元拿去放款在建築融資和購屋貸款上。因此，我們可以試圖從這個指標來看，臺灣的銀行對房地產相關的放款程度，是不是都是在風險的臨界點上？

從圖27的時間序列資料可以檢視出來，逐年的比例其實愈來愈逼近30%，且在民國96年11月起到民國97年6月間，還有四次超過銀行法30%的上限。然這當中還有個插曲，在民國96年末，幾大行庫董座和總座連袂要求金管會修法放寬到50%，或者，把銀行同業存款當做存款，一個提高限額，一個加大分母，於是乎，這樣一來銀行就有更大的本錢放貸來炒房，顯然銀行也可以把風險視為無物。但事實上，民眾買房還是會有修繕貸款的需求，若是加入修繕貸款的話，在民國95年2月起就已經超過這個法定上限了。

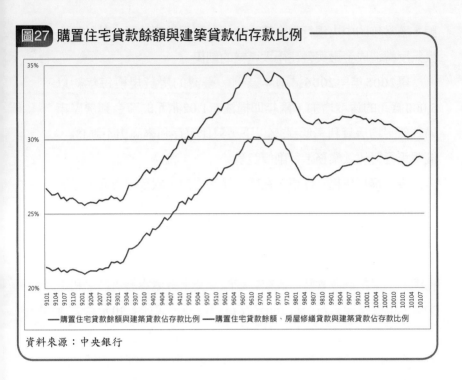

圖27 購置住宅貸款餘額與建築貸款佔存款比例

資料來源：中央銀行

　　這也代表銀行對單一產業放款的集中度風險（規範在Basel 2 第二支柱）是相當高的（金管會僅對對同一人、同一關係人授信額度設限）。換句話就是說，臺灣每年的房市，至少有超過三成以上的全民存款投下去炒作房地產。

　　在風險分散的原理下，過度集中對單一產業放款，集中度風險當然就會很高，過去銀行也針對DRAM業也有高度的放款，只要一產業出現問題，整體供應鏈並非統計上的獨立，且是彼此相關，鉅額的風險當然必須控管。

泡沫的風險

　　根據學者研究，臺灣房貸的違約機率(Probability of Default，PD)不高，2006年大約在1.20%，近十年最高也有4.66%，但帳齡數愈低，違約機率愈高，代表近期的炒房愈兇，違約機率可能就會提高。

　　金管會規範，房貸佔當期貸放成數佔七成五以上，及信用貸款金額是月收入八倍以上，將列為房貸違約高風險群。銀行初估至少約有5%的房貸會被列入壓力測試高風險群中，以目前市場上購屋貸款額餘5.0242兆元計算，約有2,500億元高暴險部位。假定，未來房價一旦走跌，如北市房價下跌15%、北縣下跌20%，銀行所面臨的房貸違約壓力勢必超過2,500億元。但這個壓力測試有點保守，代表房市違約機率約在5%，泡沫在20%以下，和學者之前估算的40%差距甚多。然不管如何，只要房市開始出現泡沫，有可能連帶會有信用貸款違約的風險，整體的經濟損失是很可觀的，比起雙卡事件，可能有過之而無不及（根據央行統計，信用卡循環信用餘額加上個人消費性貸款餘額，僅佔住宅貸款及建築貸款餘額總額的15%）。

售屋廣告的氛圍

　　前述提到，購屋的行為本來就充斥著資訊不對稱，但不知各位有沒有注意到報紙的售屋廣告這件事（那種全版或半版的新建案廣告），尤其是預售屋，建商根本不提建案的基地位址，更通常的出現的是接待中心的地址與實際建案的位置，經常是「差很

多」！

　　為什麼建商不提基地的位置，或者，壓根也不提其它「有用」的參考資訊呢？還不是要購屋者「親自」跑一趟接待中心，所有的交易都是先請購屋者到接待中心洽談。

　　另外，怡克納米斯也常說，房市根本不是賣方市場，不然建商幹嘛花大把鈔票刊登廣告。要是房屋市場是賣方市場，壓根也不用刊廣告，購屋者自會去搶買，深怕萬一動作太慢，被人捷足先登，可就損失大了！購屋者沒這麼做，代表不動產並非那麼值錢，非得把錢搬去買房不可。於是乎，怡克納米斯也常說，看售屋廣告還可以知道建商的心情，如果三天兩頭刊登廣告，代表建商很急，那購屋者到底急什麼？事實上，一般的交易建案，賣方比買方還急！

　　那麼，購屋者一到接待中心時，有多少人有本事可以全身而退呢？這本是資訊不對稱及氛圍的行銷手法，正因為在那個場域裡，你是受控者，而他們才是主控者！

　　過去，我有朋友曾經推出模擬軟體，若是用在建案上，只要建商提供資料，軟體就可以模擬出每個樓層的視界（從每個窗子或陽台往外看的樣子），以及模擬出一年四季不同時間的日照及陰影，我朋友試著找上市建商問問他們是否願意試用，各位猜怎麼著？

　　上市建商只告訴我朋友說，在建設公司的立場上，根本不願意讓購屋者知道太多資訊與細節，要是所有資訊都可以在軟體上模擬出來，那麼，購屋者不就把建商看穿了嗎？

　　說穿了，就是購屋者知道的資訊愈少愈好。所以，建商和代

銷公司才會無所不用其極的要購屋者到富麗堂皇的接待中心，接受他們刻意安排過的解說，當然，這些資訊都是對他們有利的。這就是資訊不對稱，購屋者即使努力蒐集資訊，還是無法讓資訊通透，因為，關鍵的資訊只掌握在建商和代銷業者手上，他們願意告訴你嗎？

事實就是如此，有意購屋者一定要防範那種氛圍，小心掌握關鍵資訊，不然，你可以試著問建商和代銷業者這個問題：「我很在意一年四季日照的問題，因為我是陽光男孩（女孩），你們可以告訴我陽台、浴室窗戶一年四季中陽光的位置嗎？而且，我還很在意鄰近建物的陰影，我很怕被陰影壓住，你們可以展示一下陰影的模擬狀況嗎？還有，因為你們賣的是預售屋，我想知道從這個樓層陽台看出去的窗外景色……」

你猜猜看，他們會怎麼回答你？

買屋賣屋之間，買屋者本來就處於極不利的「資訊不對稱」角色，我曾經問過上市的建設公司，他們主管說，無論如何，談買賣一定要購屋者來接待中心，文案只能突顯哪裡好，其餘的不能交代的太清楚。總的來說，完成交易的過程當中，一切都是資訊不對稱，資訊模糊，難怪很建設公司的售屋法律糾紛不斷。

購屋接待中心的「定錨效應」陷阱

有幾次我也去「賞屋」，售屋小姐拿出一疊的成交單據給我參考，理由當然是要我看看，他們的建案成交的單價都是很高，族群都很菁英這類的話術。但從行銷手法來看，哪個建設公司和代銷公司不自賣自誇，說自己的建案百般的好？

　　基於客戶隱私保護，怎可亮出別人的個資呢？更何況交易的單價有的還差不多。這是我的疑問，當然我也毫不猶豫的回應他，請他不必告訴我其他人的成交價格，我自己會評估。

　　另外一招也是代銷和建商常用的招數，他們會告訴你某個樓層單位是建設公司自購的資產，但也相當矛盾，如果可以完銷，為何還有保留戶？這還不簡單，未來是高掛某個賣不出去的價格，然後告訴買屋者或是住戶，看吧，我們的房子多麼抗跌，多麼值錢啊！

　　這就是運用心理學的「定錨效應」，讓你心中有個參考，以為這是真的，然後你的成交價錢就會被「鎖住」在定錨價格的區間帶裡了。另外，這還有一項作用，就是讓住戶以為房價真的可以抗跌或者是值錢，純粹只是玩心理遊戲罷了！

豪宅稅真能劫富濟貧？

　　我每次經過台中七期時，望著一棟棟豪宅，我心裡想的問題是這些豪宅都是哪些人入住的？一坪三十萬起價的豪宅，對台中人來說也許貴，對臺北人來說還真的便宜，但實際上成交價格的確不怎麼高，約莫二十萬出頭就可以議到成交了，但總價貴還是貴，原因在於是大坪數，以致於總價兩三千萬的價碼，對我們這等小市民而言——看看就好。

　　有一年農曆年前應邀到夏韻芬在中廣主持的「理財生活通」中分享一些經濟觀點，討論到我在部落格的一篇文章「庶民思考外一章：豪宅稅有用嗎？」，她也同意我的觀點，問題是為何政府要徵豪宅稅呢？

　　當年，行政院覺得豪宅稅似乎有建立的必要，有名立委認為政府日前研議課徵豪宅稅，應該要繼續推下去，才能達到「劫富濟貧」和「財富重分配」的效果。但是，課徵豪宅稅要如何「劫富濟貧」，這個命題，著實荒唐了。豪宅稅可劫富濟貧，不就是說搶買豪宅稅有錢人的「錢」，來補貼買不起豪宅的人當購屋補助嗎？這才叫做重分配。

　　那買得起房子的人對買不起房子的人而言，後者是不是也要求搶一點錢來重分配，強力依市價課徵房屋稅，這才叫做重分配。

　　怡克納米斯認為，豪宅稅對打壓房市而言，根本是緣木求魚，有錢人已經很有錢了，他們不會在意這一丁點的豪宅稅，因為他們對於價格的彈性很小，你給他一張豪宅稅單，正可以去炫耀是「正牌豪宅」，還可以在炒房交易時，擺明「漲價有理」。

週年慶的公民考題

　　下面這一則考題是某國中三年級公民課的模擬考，你覺得哪個答案是正確的？

　　百貨公司週年慶特賣會推出大折扣促銷，因此經常出現搶購的熱潮。下列哪一個經濟學原理原則可以說明此一現象？(A)比較利益原理；(B)機會成本；(C)個人主觀欲望；(D)需求法則。

　　以下是我的推論：

　　(A)一定不是正確答案，但其餘的答案似乎皆可，但老師只給一個標準答案。問題來了，經濟事件透過經濟學分析之後給的答案，很多時候其實只是個「參考答案」，既是「參考答案」也就不是「標準答案」，所以到最後──答案不只一個！

　　(B)的「機會成本」也可能是答案。從定義上來說，機會成

本是指一個人手上有眾多可以選擇的項目，當他選擇其中一個後，在其它被放棄的項目中「價值最高的那一個」。所以，當一個女性消費者遇到百貨公司週年慶，在同樣的購物項目中，週年慶的折扣相對是高的，也就是說，如果她不趁週年慶時去採購，她可能要用更高的代價才能買到。「逢一年一度週年慶，此時不買，更待何時？」涉及選擇的問題，當然就有機會成本的考量！

(C)的個人主觀慾望更不用說了，至於(D)的需求法則呢？我猜出題老師應該是傾向於把這個當成標準答案。百貨公司週年慶促銷降價，當然可以促使購物需求提高，甚至，把原本沒有購物需求的東西，也可能塞進消費者的採購清單中。

所以，根據我過往的經驗與對經濟學粗淺的認知，這題的答案應該是(B)(C)(D)皆可，希望當初出題的老師是把這題設為「複選題」。

然怡克納米斯提醒我，到底是需求提高？還是需求量提高呢？需求提高可能是因為收入增加，但這幾年大家的收入並沒有明顯增加，所以，會不會只是需求量增加，只是因為週年慶東西變便宜，大家多買一些?

週年慶的經濟現象

有一回，臺北某廣播電台千方百計找到我的聯絡方式——我母親說的，她以為對方是詐騙集團，堅持不給聯絡方式——找我的原因是想請我談談最近的百貨公司週年慶的經濟現象。

嘿，這個問題著實有趣，但可惜的是為了上電台我得評估一下我的機會成——我所放棄的價值組合中，價值最高的那項——

圖片來源：聯合知識庫

算了一下，當天請假老闆要扣我薪水，校長也要扣我薪水（我只是個卑微的兼任講師），要搭高鐵和搭計程車，臺北物價又貴，吃飯鐵定不便宜，我千算萬算，這趟通告的機會成本高達近萬元，我不是說我的身價值通告費一萬元，而是說我所放棄的價值這麼高。結果，可想而知。

　　我不是說媒體想搭便車，我只是想闡明經濟學中的機會成本的概念，但想必媒體經常以為自己是買方市場，能夠有機會請我發表意見，大概已經是很給面子了，還談什麼機會成本呢？至於我自己也認為本身也不是共有財，然我也不盡然一定要配合出席。這個例子曾經發生在某地方政府連邀了我幾次演講，但我覺得沒有必要配合政府單位作秀，竟然還被批評我有配合出席的義務，這就就令人為之傻眼了。

　　我的選擇，為何一定要配合或依附別人的選擇呢？

　　只不過，百貨公司週年慶這個議題還是值得談一下，但我認為電台找我談的原因，應該是這個命題：「我是不是認為最近百貨公司週年慶的現象，代表經濟復甦了呢？」我答應了電訪。

　　回顧一下馬總統的談話，《聯合報》有以下這則報導：

馬英九總統今晚與黨籍立委餐敘，並對近來時事議題交換意見。國民黨立委賴士葆提到，民眾對經濟復甦感受不深，馬總統回應說，他去地方巡視時，也有不少民眾向他反映這件事，不過從日前百貨公司人潮爆滿，可以看出「經濟確實有轉好」的跡象；馬總統希望外界給執政團隊多些時間，一定會讓臺灣經濟「有感復甦」。（時間為2010年10月百貨公司週年慶）

但我認為馬總統的那一次的談話有兩個重點，一個是馬總統認為週年慶現象是「經濟好轉」，另外一個重點是要讓經濟「有感復甦」。

馬總統發表談話的兩年後，事實上臺灣的經濟的確沒有好轉，亦沒有所謂的「有感復甦」。批發零售及餐飲業營業額指數是景氣對策信號的「平行指標」之一，平行指標代表當期的經濟狀況，但百貨公司的營業額並非平均，變異很大，現在以為好轉，還得看其它的領先指標。舉例來說，2012年8月的指標是109.32，為近四個月最差，2011年的十月又比2010年差，但2010年10月的指標值卻一路好到隔年一月，還是歷史高點。

所以，當年馬總統認為百貨公司週年慶是經濟的有感復甦，其實也沒講錯，但這個「有感」是瞬間值，「有感」這隻春燕一下子就飛走了。

這幾年我沒有參加百貨公司的週年慶活動，事實上以往也很少參加。對我而言，百貨公司販賣的商品對我沒有什麼吸引力，像我這等小老百姓，靠上班、教書和寫書為生，實在沒有多餘的

財力去消費百貨公司這等高價商品，充其量看看襯衫和西褲有無打折而已。但後來發現其實有很多質優但不是名牌的襯衫和西褲也挺符合我的要求，於是乎，百貨公司專櫃的商品，根本沒吸引力了。至於，個人的選擇變化，涉及到一些所得效果與替代效果，太麻煩了，索性不提，但還是要來談談週年慶的經濟現象。

百貨公司與經濟成長

以前的百貨公司辦起週年慶活動，印象中大概一年就那一次而已，所以對女性消費者而言，就趁那一次低價的機會，卯起來把一年份的化妝品和保養品「一次購足」。但這幾年的觀察，我怎老覺得每個月信箱裡總會收到各家百貨公司的特價DM，似乎每個月都有週年慶……一月是農曆過年，二月是情人節，三月是婦女節，四月是兒童節，五月是母親節，六月是端午節，七月是七夕情人節，八月是父親節。果然，每個月都有購物活動。

我相信怡克納米斯也不去參加百貨公司週年慶活動，但他的回答很奇怪：「我不參加週年慶，不代表我不關心週年慶！」

我不太清楚他這句話的用意，但我也很清楚知道一件事，在很多活動中（尤其是經濟活動），他的見解有時迥異於其他人的看法，就像上回我問他百貨公司之所以存在的理由，他的回答竟然是「降低交易成本」。

至於，百貨公司週年慶的活動，他又有什麼不一樣的見解呢？這一次，我們倒是有志一同，百貨公司週年慶的活動，並不是一種常態的活動，而是一種一年一度的「大促銷」。理性且價

格彈性高的消費者，當然會有預期心理[37]的作用，將購物活動延到週年慶才開始，正因為週年慶活動除了降價之外，搭配其它的活動，整體的購物效用會得到極大的滿足。

以2012年週年慶，某百貨公司和銀行的合作案例，購物刷聯名信用卡單筆滿三千元還可以送三百元抵用券，加上百貨公司祭出化妝品、百貨服飾滿五千元送五百元再送一百五十元美食折價券等優惠，合併可享有高達19%的回饋。

所以，女性消費者哪個不精打細算，還有新聞指出，女性消費者還可以「揪團」購買，如此一來得到的回饋更多，但理性消費可能不敵百貨公司的精打細算，正因為所有購物回饋得到的抵用券或者是禮券，還不是「下次」消費才能派上用場。所以買的愈多，送得愈多，下回還不是照樣得掏錢消費。

以致於，理性的消費者會進行如此的打算：

首先，週年慶活動先採購折扣數高的商品，取得抵用券或禮券。

其次，週年慶後以抵用券或禮券消費其它次要的購物計畫。

週年慶，百貨公司千算萬算要提高營業額，但消費者也是千算萬算要滿足購物欲，但前提是花費最小。

怡克納米斯的經濟觀察，也不會放過每年的百貨公司週年慶，因為消費市場的餅，規模大致上不會變動太大，不景氣之下

---

[37] 理性預期（Rational Expectations）是指人們在理性的情況下，針對某個經濟現象進行的預期，同時調整他們的經濟行為或決策。放在政府決策中，如果政府推行的政策可以被民眾準確預期的話，這個政策的效果會相當有限，因為民眾會調整他們的經濟行為。

還可能縮小，加上還有其它同質百貨公司的競爭，以及新加入的百貨公司，競爭活動其實是相當激烈的。好比一場賽局，百貨公司推出的折扣計畫、內容與檔期時間都是營業機密，但有心的消費者還是會幫忙整理所有的檔期活動與電子目錄，利於消費期程的安排。

我相信，百貨公司的營業額消長，和臺灣的經濟成長或者是景氣，一定有正相關性，但消費的情況有時候有滯後性的問題，正因為手上沒錢的話，除非借錢融資才能創造消費；有時候是領先性，可能預期收入增加而增加消費，因此，看總體的消費效果的解釋可能不足，有可需要檢視消費者個體的行為。

女性同胞一直是GDP中貢獻消費的主力族群，在2010年的母親節前，臺灣的某百貨就表示說，第一波的母親檔期（僅僅是第一波而言，代表還有第二波、第三波……）業績比起2009年成長三成多，遠遠超出一成五的安全目標，尤其以珠寶、黃金、女鞋、內衣的飾品區買氣最強勁，而且，這些產品業績都較2009年同期成長四成，至於化妝品的年增率也有三成，最後，連家電區產品的業績年增率也達15%。（時隔兩年後的七夕情人節，2012年的百貨業績卻是相對慘澹經營，某指標百貨業者統計，2012年前7月全臺業績較去年同期年減1.7%。這家百貨公司的業者認為，這波景氣形成的市場衰退，與2008年金融海嘯時不同，這次是緩步的滑落，且以服裝業受傷最重，衰退幅度達一成。）

經過媒體報導後，百貨公司經營者認為，2010年景氣確實明顯回溫，因為廣大的粉領族進場了。相較於2009年，女性同胞認為當時候景氣還沒走出金融海嘯的衝擊，並且對未來充滿不確定

性，手上有錢，不會大方的購物來犒賞自己，2010年認為外來景氣回春了，當然會較樂觀的消費。

然而，燕子回來了嗎？根據經濟會的資料顯示，2010年的民間消費實質成長率和可支配所得均比2009年成長許多，尤其是民間消費實質成長率更高於可支配所得的成長率。

消費者大多以為2010年的景氣普遍會比2009年好很多，事實上也是，因此，消費者有可能以為春燕來了，而不再撙節支出，紛紛掏荷包花錢消費了。

百貨公司的營業利潤，提高了嗎？

週年慶購物因為有折扣，如果折扣可以吸引消費，代表大家的「價格彈性」都很高。但換句話說，照理大家有錢了，價格彈性應該稍微降低才對，所以即使價格些微調漲，消費的意願也不會減損太多。

週年慶有人潮，是一種年度購物現象，不是平均現象。我認為凡是女性消費者，大抵應該知道這項道理，也就是說百貨公司的業績，不會天天好得像週年慶一樣，而週年慶的業績，也可能僅僅是以價格折扣吸引到價格彈性較高的消費者。而平常會去百貨公司採購的消費者，也許價格彈性稍低，以致於根本不用等到有較高折扣的週年慶時，就可以出手消費。

如果大家真的很有錢，照理逛百貨公司消費的頻率與次數和金額應該會提高，需求彈性還會降低，變成是一種平均現象，而不是一種特定現象。

有了以上的推論之後，單看人潮，怎麼可以說「經濟好

轉」？週年慶本來就人多，沒人潮就完了，百貨公司愈降價折扣，代表需求市場中的消費者需求彈性變高了，不就是說大家對「新臺幣」愈來愈在意，花錢愈來愈小心嗎？

　　我今年多買了幾項IT商品，不能說是說經濟變好了，而是我需要，且我買得起，而我買得起的原因是跳槽後薪水變高了，今年版權多賣了幾次境外授權，我的可支配所得稍微提昇了一下。但不能根據我的購物行為，說我的可支配得提高，是景氣變好導致的。

　　怡克納米斯舉經常性薪資的統計圖來解釋，他認為景氣變好導致可支配所得提高最直接的原因是口袋裡的薪水變多了（單指薪資而言）。從圖28可以很清楚得知，二十年來的經常性薪資

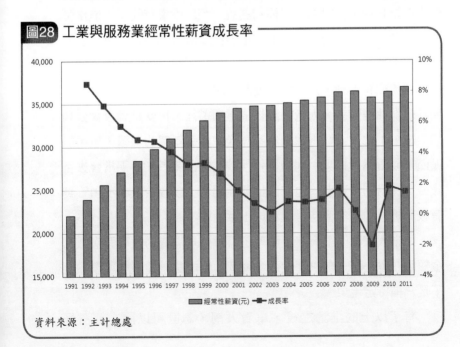

圖28　工業與服務業經常性薪資成長率

資料來源：主計總處

雖然有逐步成長（2009年受全球金融風暴後影響偏低），但薪資成長率卻像溜滑梯一樣一路從1992年的8.5%下滑到2011年的1.5%。

如果，把物價的因素折算進去，整體的薪資表現恐怕不是停滯，還有可能是衰退（2011年的實質經常性薪資為34,400元）！

來到2012年的10月，剛好是百貨公司的週年慶活動，景氣對策訊號持續十顆藍燈，針對百貨公司的營業額，媒體也指出，2012年百貨上半年業績慘兮兮，普遍下滑3%到10%，因此都將希望都寄託在這一波十月的周年慶活動，期盼讓業績翻紅。

百貨公司的業績變差了嗎？

怡克納米斯提出他根據經濟部統計處所發佈的「101年8月批發、零售及餐飲業營業額統計」新聞稿指出，綜合商品零售業較上年同月增加7.0%，各細業均呈正成長。百貨公司8月營業額為191億元，月增率-11.3%，年增率1%；累計1到8月的營業額為1,704億元，年增率為5.0%，佔綜合商品零售業的營業額為25.3%。

也就是說以單月來看，101年8月百貨公司的業績的確是負成長，但以年度而言仍成長5%，應該還不到慘兮兮的境地。看來，所謂的業績變差，應該是預估值與實際表現的落差所致。

表12 綜合商品零售業營業額之變動（單位：億元；%）

行業別	101年8月			101年1~8月		
	營業額	月增率	年增率	營業額	年增率	構成比
總計	888	2.6	7.0	6,733	6.7	100.0
百貨公司	191	-11.3	1.0	1,704	5.0	25.3
超級市場	150	15.1	9.1	1,026	7.2	15.2
便利商店	239	-1.3	10.9	1,789	11.9	26.6
量販店	176	20.4	8.4	1,168	4.1	17.4
其他	132	0.5	5.0	1,046	3.8	15.5

資料來源：經濟部統計處

　　若以年度來看，百貨公司的營業額自97年起到100年的四年間，年年業績均有成長，100年更領先其它四個業種達7.6%。照理，其實沒有所謂寒冬的問題，唯一可以解釋的是消費市場的餅並沒有增大很多，但競爭者變多，導致僧多粥少的問題罷了。

表13 綜合商品零售業營業額

年月	綜合商品零售業（億元）					
	合計	百貨公司業	超級市場業	連鎖式便利商店業	零售式量販業	其他綜合商品零售業
97年	8,368	2,248	1,212	2,120	1,454	1,334
98年	8,560	2,319	1,267	2,121	1,481	1,373
99年	9,170	2,511	1,333	2,305	1,568	1,452
100年	9,786	2,702	1,431	2,460	1,671	1,522

資料來源：經濟部統計處

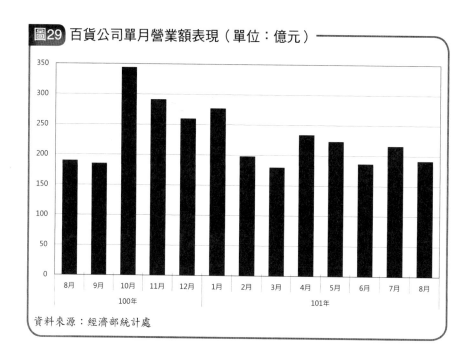

圖29 百貨公司單月營業額表現（單位：億元）

資料來源：經濟部統計處

　　另外一方面，從單月來看，圖21指出100年的10月營業額達到344億元，可見每年10月間的週年慶活動，就是百貨公司業者重視的戰場，因為光一個月的業績表現，即佔當年度營業額的12.7%之多，而且力道可以持續到隔年的1月農曆年前呢。

　　從上圖可以得知，2011年10月馬總統看到百貨公司週年慶活動，認為景氣變好了，其實也沒錯，但柱狀圖告訴我們，其實在週年慶活動完後，整體百貨業的營業額卻像溜滑梯一樣一路下滑，也難怪百貨業這麼期待2012年10月的週年慶，希望能夠一轉頹勢，業績再度狂飆了。

Part 2 辦公室經濟學

01
高學歷爆炸成長，
工作難尋？

廣設大學，災難的開始？

　　大學普及化的後果，就是大學的數量暴增，大學生的數量激增，連帶的為了吸收大學畢業生，開始廣設碩士班和博士班，其結果是當社會無法消化這些高學歷的勞動力時，供需失調加上產業結構轉型的問題，高學歷等於高失業率的問題，就會層出不窮。

　　臺灣從什麼時候開始大量廣設大學呢？

　　1994年行政院成立「教育改革審議委員會」（教改會），由中央研究院李遠哲院長擔任主任委員，全面檢討臺灣的教育問題。「教改會」提出《教育改革總諮議報告》，其中有兩點主張，其一，主張大學供給應增加，以滿足社會對高等教育的需要；其二，降低高職及五專比例，以拓寬升大學之通路。從此，臺灣的專科學料校數量開始減少，大學數量則開始增加。

　　從下圖可以清楚得知，在1997年，大學院校從24所迅速增加

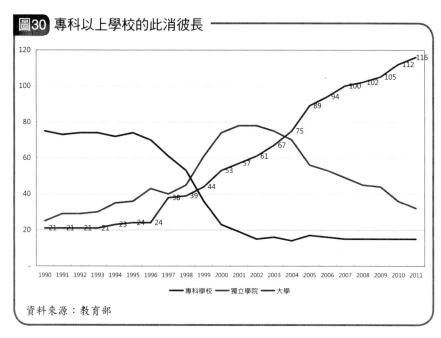

圖30 專科以上學校的此消彼長

資料來源:教育部

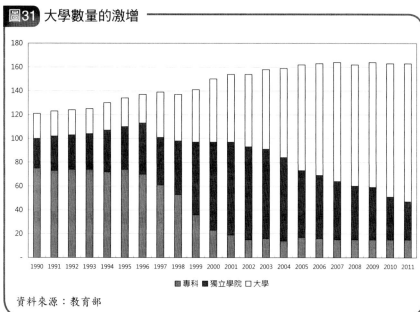

圖31 大學數量的激增

資料來源:教育部

到38所，一年之內增加了14所大學，專科學校和獨立學院減少12所，也就是說除了專科和獨立學院就地升級外，另外也新設了2所大學。

此消彼長的情況一直延續著，直到2011年，專科學校從鼎盛時期的77所，縮減到僅剩15所；獨立學院先盛後衰（其實也是升格），從78所減為32所；大學則成長到116所。

同時，專科以上學校的情況，除了「此消彼長」之外，並無總量管制，也就說，除了專科與學院就地升格外，也額外增加了42所之多！

無差異的能力？

全球金融風暴後，連續幾年的景氣低迷，連帶的使得就業市場更加委靡不振，甚多企業根本不想任用新鮮人，也有很多企業把徵才的指標往上揚，只應徵碩士畢業生，但碩士學歷的畢業生一定優於大學畢業生嗎？恐怕事實不見得如此。

2012年9月，根據人力銀行業者與《遠見雜誌》所合作發布的「企業最愛研究所」調查發現，企業界認為碩士與學士表現差異不大，在二十項職能指標中，碩士僅在專業知識與技能、思考邏輯、國際觀與外語能力三項勝出。

碩士和大學畢業生的能力，為何在企業的認知上差異這麼小？也就是說，一個碩士畢業生，除了專業知識與技能、思考邏輯、國際觀與外語能力三項勝出大學畢業生外，其餘的能力，根本相差無幾，且這兩者間的差距，還在逐年拉近中。

難不成大學畢業生的畢業人數，隨著時間增長，專業能力早

已江河日下，連碩士畢業生的專業，也一併沈淪了嗎？

急速膨脹的高學歷市場

　　我查了一下教育部的統計資料，1990年大學畢業生人數為49,399人，到了2010年為228,878人，二十年間成長4.6倍；1990年碩士畢業生人數為6,409人，到了2010年為60,024人，二十年間成長9.4倍，是大學畢業生人數成長率的倍數；1990年博士畢業生人數為518人，到了2010年為3,846人，二十年間成長7.4倍。

　　以成長率而言，大學畢業生在2001年達到24.5%的頂峰，爾後逐年遞減，在2008年至2009年的兩年間，成長率甚至為負值。對碩士畢業生而言，同樣在2001年達到24.8%的頂峰，再逐年遞減，2010年低到只剩0.9%。對博士生而言的成長率表現情況和前兩者不一致，反而是在1990年的峰值後，開始逐年下滑。但以近十年來比較，不論是學士、碩士還是博士畢業生的成長率，皆逐年趨緩，但這些高學歷畢業生投入就業市場，很容易出現高學歷與高失業率的現象。

　　從主計總處提供的大學以上學歷失業率可以得知，在2001年攀升到千分之四十後，開始逐年增加，到2010年為千分之一百六十四，2002年8月創下歷史新高，達每

圖片來源：聯合知識庫

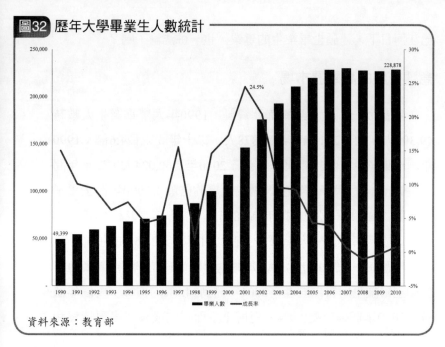

圖32　歷年大學畢業生人數統計

資料來源：教育部

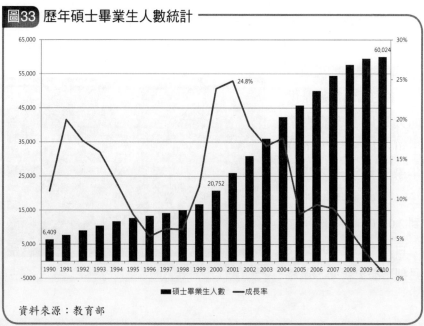

圖33　歷年碩士畢業生人數統計

資料來源：教育部

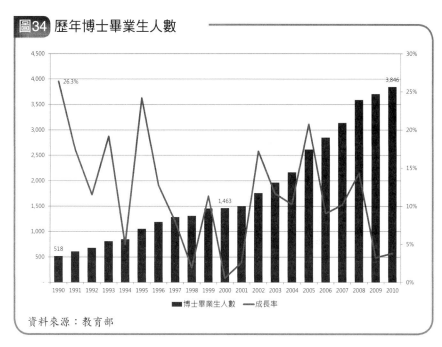

圖34 歷年博士畢業生人數

資料來源：教育部

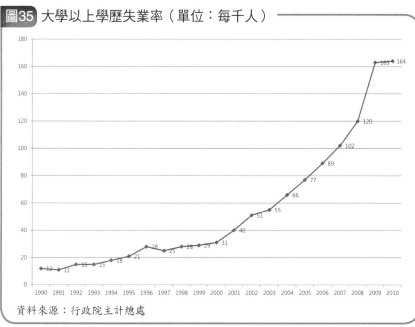

圖35 大學以上學歷失業率（單位：每千人）

資料來源：行政院主計總處

千人一百九十五人失業。

　　另外一方面，以在學生的倍數比進行比較，1990年大學生、碩士生的比值是1:0.08，增加到2010年的1:0.18，看出來碩士班的成長率是為了為數廣大的大學生所設立的，大學之門除了已經不是窄門外，連帶的碩士班也不是窄門了。至於碩士班學生與博士班學生的比值，在1990年為1:0.25，到2010年降為0.18，這也可說明，博士班的膨脹速度不及碩士班。而從總數來分析，成長的曲線圖類似S型的成長，1990年到1995年的五年是一個階段，1996年到2005年是成長期，2006年後幾乎已經到高原期，也就是說近五年的高學歷學生的總體成長幅度已經開始近似停滯，也

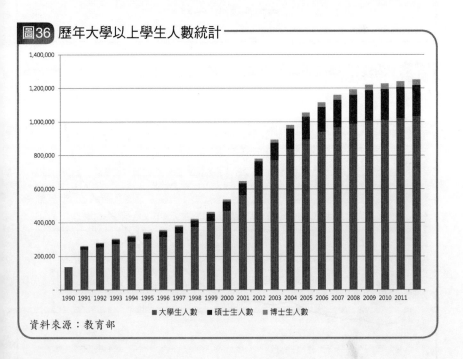

圖36　歷年大學以上學生人數統計

■大學生人數　■碩士生人數　■博士生人數

資料來源：教育部

許，少子化第一波的2016年，應該會開始衰退才對。

看來學歷膨脹的主要問題，還是在碩士班，但罪魁禍首還是在廣開大學之門，唯有讀書高變成學子間的軍備競賽，而大學也很配合政策進行另一個階段的軍備競賽，研究所愈設愈多，招生人數愈來愈多，畢業生也愈來愈多，最後的結果只能是高學歷，卻創造高失業率。

啤酒遊戲的邏輯

怡克納米斯針對高學歷與高失業率的問題高學歷，他認為這有點像《第五項修練》這本書中提到的「啤酒遊戲」。

啤酒遊戲(Beer Game)是20世紀60年代，麻省理工學院(Massachusetts Institute of Technology, MIT)的史隆管理學院(Sloan School of Management)所發展出來的一種模擬供應鏈的策略遊戲。參加遊戲的成員各自扮演不同的角色，即零售商(Retail)、大盤商(Wholesaler)、配銷商(Distributor)和工廠(Factory)。他們每週的決策就是訂購多少啤酒，四個角色之間的聯繫只能通過訂貨傳送單來溝通資訊，不能有其他方式的資訊交流。在啤酒遊戲中由於每個角色除了工廠外，每個角色都有啤酒庫存，都從下游收到訂單，並且把貨賣給下游。

在啤酒遊戲中，消費者需求變動的幅度很小，但是，透過整個供應鏈系統產生放大作用，即首先是大量缺貨，訂單都不斷增加、庫存枯竭、缺貨不斷增加，但等到訂貨單大批交貨時，新收到訂貨數量卻開始驟降，這也就是供應鏈中著名的長鞭效應

(Bullwhip Effect)[38]。

　　雖然以教育的供應鏈而言，並沒有像零售商的供應鏈這麼長，但本身也是一種供應鏈，從高中（職）生開始，一路到碩士班與博士班：

　　預期大學鬆綁→大學生來源增多（需求增加）→廣設大學→研究所數量增加

　　這個結構，最後會失衡，失衡的引爆點，其實就是少子化——根本不需要這麼多的大學，但大學會不知道這個結果嗎？這當然是軍備競賽[39]下的結果，當其它競爭學校都已經升格大學時，其它的專科學校也會有壓力升格，供給擴張的結果，就會產生爆量的大學學位供給。幾十年前，大學學位是一個人生的稀有財，但如今的社會，一個人擁有碩士學位已經不是很稀罕的事後，又如何讓學士學位成為稀有的資產呢？

高學歷不再值錢？

　　國內企業普遍企業對於新進員工，要求具有碩士學歷的比例明顯高於大學學歷。這樣看來大學文憑顯然相對以前更不「值

---

[38] 1998年，在英國舉辦的供應鏈管理專題會議上，一位與會者提及，在他的歐洲日用品公司，從漁場碼頭得到原材料，經過加工、配送到產品的最終銷售需要150天時間，而他的產品加工的整個過程僅僅占用了150天中的45分鐘。在整條供應鏈上，每一個節點的訂單都會產生波動，需求信息有可能會產生扭曲，透過逐級而上的訊息放大，訊息扭曲的問題會愈來愈嚴重。

[39] 軍備競賽用在描述兩方毫無目的或沒有絕對性終點的競爭，行為的目的均是為了爭奪市場或取得市佔率，而競相的投入人力、物力與金錢等的資源，一般認為是一種毫無目的的競爭。

錢」，連帶地碩士學歷也相對不值錢。當產業結構調整的同時，中低階社會人口的失業率開始嚴重，現在連高學歷的人口亦面臨嚴重的失業壓力，當高等教育人口無法發揮應有的社會生產力，而向下排擠中低階的就業市場時，兩造的交互影響之下，整體的失業率水準只會更嚴重。

　　學歷到底值多少錢？其實是反映在於市場供需的均衡薪資。過去大學平均錄取率在兩成到三成之間，近幾年來由於專科學校升等及新設大學的數目激增，大學錄取率逐年上揚，幾乎是每個高中生都可以讀大學。大家都有大學可念的情況之下，產生嚴重的供需失調。同樣的情況也反映在高學歷的年增率，碩博士學歷年增率亦隨著逐年上揚，臺灣正式邁入高學歷爆炸的時代。

　　從教育部的統計資料可以做一個假設，假定所有的高中生與高職生都有機會上大學，粗略的比較是將大學生人數除以4（大學修業四年）當分子，將高中生與高職生的總合數除以3（高中職修業三年）當分母，這個比值會從1990年的27%，一路激增到2011年的101%！

　　也就是說當今的大學，真的已經「沒有門」了，高中生與高職生除了可以選擇考大學，還有部分專科與軍校和警校可以報考，這個意思是說，總體的升學率，早已突破100%了！

　　針對企業要求碩士學歷這件事，我認為企業根本不須要這些高等人力。但怡克納米斯不同意我的想法，他認為企業徵人也想透過某種機制進行篩選，如證照、語文能力與專業資歷等。

　　至於，要求碩士學歷的企業相對以前變多，也就是說如果同一職缺是大學學歷和碩士學歷競爭的話，企業寧可錄取碩士學歷

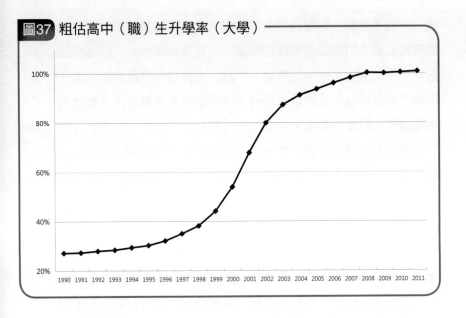

圖37　粗估高中（職）生升學率（大學）

的員工。人力資源單位認為錄取碩士文憑較好的理由，不見得是
因為普遍認為大學文憑平均素質低落，因此寧可錄取碩士畢業
生，人力資源單位認為錄取大學文憑的「交易成本」太高，而錄
取碩士文憑由於墊高門檻，可以降低「交易頻率」，當然交易成
本就可以下降，工作量減輕。

　　怡克納米斯提出他的結論：「學歷變成是徵人的篩選條件之
一罷了，僅僅是為了降低交易成本，而能力的高低僅僅是事後才
會被驗證的事。」

　　他的說法其實也可以被驗證，一些統計調查指出，高學歷與
高素質之間並無一定的關連性，學歷與潛力之間也無一定的關連
性。倘若政府不嚴格控制高等教育的質與量時，屆時所產生的不

光只是現在這種失業率而已，世代所累積出來的，將會和很多人熟悉的「啤酒效應」一樣，一次崩潰到難以收拾。

02
會議，該怎麼開？

會議是用來解決問題

　　我不喜歡開會，也不會無故召開會議，正因為我堅信資源是有限的，資源不是用在其他事務上，就是用在開會上，如果，開會不能解決問題，那就是浪費資源，以精實管理的精神來看，就是增加成本，卻沒有增加價值性，嚴格說就是——浪費。

　　很多人喜歡開會，但沒有把握會議管理的核心要件：「議」與「決」，易言之，會議之所以要召開，是要「決定事情」和「解決問題」，即使會議需要進行「討論」，也須收斂在「決定事情」和「解決問題」上，而不是去開放式的探索問題——這個問題其實早應在會議召開前就已經處理掉了。

　　所以，一個失控的會議，就是濫用資源，有事沒事總要找個理由召集會議，上面講得天花亂墜、口沫橫飛，下面的與會者卻昏昏欲睡。

　　再者，會議最怕議而不決，決而不行，行而不果。

議而不決：召開會議卻沒有決議。

決而不行：會議既然已經做成決定，但卻沒有施行決議事項。

行而不果：指沒有效率的執行方案，毫無結果可言。

解決問題，還是射箭大會？

試著想想看，一個企業的價值鏈上有多少單位，兩單位之間就會有個介面，只要這個介面溝通不良，衝突就會出現，而會議上，如果無法有效溝通，就會失控變成「射箭」大會，血流成河。當然，這只是誇喻，但實際上也經常如此，最後會議主持人變成和事佬，本來要溝通並形成共識的會議，當然就失去原有的初衷，面臨這種問題，只能有賴更高層主管的仲裁，否則，這種到底是雞生蛋，還是蛋生雞的迴圈問題，根本得不到解決方案。

圖片來源：聯合知識庫

　　所以，我根本不喜歡開會，而我也相信，如果你是上班族，我猜你一定不喜歡開會。

　　想像一下，當你進入會議室時，你的心情是愉悅的？還是緊繃的？是放鬆的？還是壓抑的？

　　在密閉的會議空間裡，會議成員本來就會不自覺產生空間壓迫的感覺，然後隨著時間過去，慢慢形成呆滯與疲憊感。空間壓迫的感覺其實和搭電梯的心情是一樣的，再來，無法預期會議最後會產生何種結果，這種壓迫感，我相信只要參加過會議的人都會有。然後，會議要是進入冗長的議程時，會議成員的專注力就會下降，從壓迫感轉為無力感。正因為會議場合是個集體的密閉場合，個人之間沒有自由度與隱私，無法像在辦公室時，可以藉由不同的方式轉移壓力與心情，以致於會議失控變成冗長議程時，會議的成員的疲倦感就會加深。

　　失控的議程，是一件很嚴重的管理問題。

　　對於會議的時間要安排多長，其實並沒有一定的準則，照理，只要在會議的時間上控制得當，不要落入邊際效用遞減的模式即可。

　　雖說會議時間和頻率和公司規模無直接關聯，但只要公司規模一大，會議自然就會變多，會議時間就會變長，尤其是很多單位大拜拜和流水席式的會議，上臺講話的一個人，一堆人呆坐在下頭再輪番上臺，「等」這件事，加上空間壓迫感，是很多上班族揮之不去的夢魘。

　　然而，開會又經常被視為解決問題的一種「必要之惡」時，那只能捱著點。但前面這個「開會能夠解決問題」，其實是個偽

管理的命題，正因為解決問題的手段與工具，並不只有召開會議一途，況且，開會並不盡然可以解決問題，而且還會產生額外的成本。

怡克納米斯提醒了我一點，企業主重視績效，但更重視會計上的成本與利潤，如果，開會這件事可以量化成數據管理，有數據就有績效，高階主管與企業主自然而然會開始重視會議管理。

如果，你是一家公司的負責人，請你試著回答以下幾個問題：

1. 開會可以解決問題嗎？
2. 承上題，如果你回答「是」的話，你願意用多少時間來安排開會？
3. 承上題，你願意用多少成本預算來開會？

這種提問法，多少有點陷阱。也就是說大多數人可能選擇用會議來解決問題，這種回答是壓根認為會議並沒有成本問題，或許還有價值創造的效果。所以，一種偽管理的命題就出現了──開會可以解決問題並創造價值。但是，只要被問到成本問題時，這個命題就會露出破綻──原來會議是有成本的，不管有無價值創造的結果。

管理者如果深信會議可以解決問題的話，那麼，按邏輯，員工最好一天到晚都在開會，就是在創造公司的最高價值。實際上，這個命題在邏輯上是無法成立的，但不是說會議無法解決問題，只是不能當做唯一手段。

會議的精實管理

其實，精實管理談的是杜絕浪費，但就經濟學角度來看，衡量召開會議的動機與需求，則不得不考慮會議的機會成本。日本人提倡的精實管理下的會議管理方案可以供我們參考：

會議目的：節省成本、加快決策速度、更有創意

會議革命：

(1) 廢除不必要的會議；

(2) 排除不需與會的主管；

(3) 強調準時開始、結束；

(4) 重視開會結論；

(5) 提高會議生產力，強化企業競爭力。

精實管理下的會議成效，可以從日本日產(NISSAN)汽車得到答案——靠著有效的會議革命，省下了六十億日圓成本，未來預計還可省下三百億日圓。而日本的老闆們早就有一套行之有效的辦法，那就是在空蕩蕩的辦公室，大家都站著說話，這種議事效率，當然也是相當高的——站著講話腳會酸，無法攜帶筆電讓人分心做事，時間的概念會更加具體。

無效的會議就是資源浪費

根據一家研究機構對美國最大的一千家企業的兩百名總經理所做的調查指出，總經理們估計在他們每天的工作時間中，平均有十五分鐘用於打電話，三十二分鐘用於閱讀或抄寫不必要的備

忘錄，而竟然有七十二分鐘用於不必要的會議。

如果估計一下會議的浪費程度，這個數字代表生產效率的低落，與資源的浪費，Net Meeting調查結果顯示：

(1) 美國上班族每週平均參加十個會議，約占每週工作時間一到一天半；

(2) 經理人每週有一半以上時間在開會；

(3) 57%的上班族開會前心情緊張；

(4) 上班族普遍認為平均一半的會議時間是浪費的。

CBS在2012年2月16日一篇「無用會議值多少？」(How much do useless meetings cost?)的報導指出，所謂的「壞會議」(Bad Meeting)指的是：

(1) 沒有議程；

(2) 與主題無關；

(3) 議而不決；

(4) 未能跟進行動項目。

一家顧問公司指出，一個專業人員每月非具生產性的會議佔了31小時；在美國，每一天約有一千一百萬的會議被召開，但實際上一半以上是浪費的。

另一家Wolf Management Consultants聲稱，73%的專業人士承認在會議上做無關的工作，甚至39%的人會打瞌睡。

在管理上，會議成本這個概念並不新鮮，但經驗上很難見到

有公司可以援用，問題出在哪？我認為應該是一開頭那個偽管理命題——會議可以解決問題，既然可以解決問題，即是創造價值，豈有成本一說？

　　召開會議的重點是什麼？總括來說，大致上有達成共識、發佈訊息、溝通與解決問題的功能，也就是說，會議的召開凡不是來發佈訊息，即是用來形成共識、溝通問題與解決問題，如果，這項前提可以成立的話，除了發佈訊息可以不用透過召開會議來完成之外，其他的功能，都可以視為會議的效用。

　　但是，很多人不喜歡開會，而之所以不喜歡開會，大部分是發生會議失焦、失控，只至於與會者認為會議簡直是浪費時間，甚至會議還會發生不同部門之間攻擊、批判的負面效果。我就曾見過不同部門主管只要遇到開會就會劍拔弩張，連座位的選擇也是隔的老遠，火藥味十足。衝突的原因無它，根據組織管理學的觀點，只要在價值鏈相近的組織，發生摩擦的機會本來就高，因為下游單位可能會責怪上游單位的品質不佳、交期過長或者是規格不符等問題；而上游單位則會怪罪下游單位對市場、產品或客戶的瞭解不夠，讓他們在產品設計上產生諸多問題。

　　著名的美國經濟學家斯蒂格利茨(Joseph E. Stiglitz)作了大量研究並提出解決方案，他認為，不必要的會議難以控制，重要原因在於人們忽視了機會成本。他認為：

　　　無可否認地，每個會議都具有一定目的，但通常我們只能在會後對會議的必要性下結論。更要命的是，企業在安排會議的時候，常常因為不必為參加會議的人額外付出成本，

便相信會議的成本為零。因為他們忘了，如果不開會，這些薪水很高的老總們會去做別的有用的事情。

斯蒂格利茨在他的教科書中提供了一個案例材料——會議的機會成本，並對此有簡單計算。

企業往往會忽視一種最重要的機會成本：即高層管理者的寶貴時間。有一專業研究機構曾調查分析了美國最大的一千家企業中的200位管理者，他們平均每天有15分鐘打電話，72分鐘在出席各種不必要的會議，32分鐘在閱讀或寫各種備忘錄。

如果將這些數字乘上48周（假設管理者每年有四周假期），那麼每位經理平均每年花60小時打電話；128小時用於不必要的備忘錄；而有288小時出席那些不必要的會議。如果能夠把這些無謂損失的時間用於其他更具效率的事情，就等於節約了大量機會成本。

會議的成本怎麼算？

斯蒂格利茨建議，在會議室顯眼處設置一塊計時牌，累計並顯示全體與會者的薪水數額，直到會議結束。舉例來說，20名薪水為45美元/小時的與會者參加的會議，每小時的成本就是900美元。此外，還可加上諸如會議室的使用成本和組織費用等。有了這塊分秒必爭的計時牌，時間就是金錢便真正成為一種壓力。

延續斯蒂格利茨的建議，怡克納米斯提出他的修正方案，他建議如果企業界願意使用斯蒂格利茨的會議機會成本概念，或

者，更進一步說，企業的每一個單位應該每年列出這個單位的年度「會議預算」，正因為是在成本項下，會議召開的愈多，預算池中的額度就會逐漸使用殆盡。當預算使用完畢時，可以允許借支（利息照算），或者向其他單位購進，如此一來才能根本顯示出「績效」。至於成本的計算，不應拘泥於人事成本，也就是與會者單位小時間的人力成本和會議時間的乘積，更應該設立每個人的「小時機會成本」，充分反應每個人對於組織的貢獻程度，如此，會議的召開，才可以真實反映機會成本。

這樣一來，誰敢胡亂召開沒有意義的會議呢？

開會的成本問題，其實來自於經濟學所提出的機會成本概念，也就是說每個人都是資源，工時就是一種生產資源，這個資源不是用在生產，就是用在其他地方，譬如說──會議。因此，會議的機會成本，就是每個會議成員因為召開會議而放棄掉所有可選擇的價值中，最高價值的總和。

我以前曾看過一家公司在召開會議時，會議主持人會啟動一個會議成本系統，從會議開始時就按下啟動鈕，然後牆上的數字就開始飛快的閃爍，計算這個會議的時間成本。這個道理很簡單，會議成本系統依成本會計原則將每個參與會議的成員的工時成本進行加總，然後乘以會議時間，就可以得到這場會議的成本。我在國外的網站上有看過類似的系統，廠商把系統弄得更簡單，像數位鬧鐘一樣，售價並不貴，才25美元而已。

我找到國外一家公司所設計的會議成本的計演算法則：

會議成本＝每小時平均工資的×3×2×開會人數×
　　　　　會議時間（小時）。

其中，平均工資三倍指的是勞動產值，乘以兩倍是因為成員要參加會議，所以要中斷工作，故有損失，但這個公式並無法全然表達出真實的會議成本。

實際上用平均工資來計算會有成本低估的問題，正因為平均工資是一種平均值，無法實際表現出實際的成本狀況，且參加會議的人基本上以管理階層居多，而管理階層的平均工資成本，顯然會高於全體員工的平均成本，故，若用平均成本計算會議成本，一開始就低估，這個方案雖然簡易，卻不實際。

怡克納米斯根據經濟學機會成本的概念，會議成本的計算應該會較為具體，也就是會議成本除了要計算會計上的顯性成本（即工資成本）外，還得要計算隱性的機會成本，這個淨值才是真實的會議成本。

修正後的會議成本應該是：

〔工資成本＋（價值權重×平均小時產值）〕×開會時間×時間指數

其中，工資成本可以由人資單位提供，每個人不同，但價值權重區別在於每個人的價值不同，老闆的價值權重最高，所以時間成本最高，其次是高階主管。用權重代表價值的區別，最後加總後即是一場會議的總成本，而且符合機會成本概念，更積極一點，可以依邊際成本遞增法則，當會議時間趨長時，將總成本以指數遞增的方式增加。

會議的重點在於淨效果如何，而非表面效果。當會議有了成本這項抑制的誘因之後，並且列入預算管制，管理的效果當然會出現轉變了。

03
職場裡的格萊欣法則

價值與價格

　　新臺幣一元的身價是多少？或者說新臺幣一元的價值是多少？這兩個問題看似一樣，到底有何差別呢？

　　這個問題看似簡單，但卻不容易解釋，問題在於你如何解釋新臺幣一元的「身價」和「價值」。

　　如果你認為新臺幣一元的身價就是一元的話，那你可能就錯了。

　　關於上面的問題，應該這麼說比較正確，新臺幣一元是「面值」而不是真正的「價值」。而價值又應該再分兩方面講，一個是新臺幣一元的「購買價值」，也就是「交易價值」，就是說你手頭上這個新臺幣一元的購買力，可以買到哪些東西，這個購買力可能會有所變化，因為購買力會隨物價波動而波動，不會有人會懷疑你手上這枚一元硬幣的「面值」；另一種是新臺幣一元的「物理價值」，因為金屬硬幣乃是多種金屬鎔鑄而成，這些金屬

當然有其價值，金屬價值當然也會波動。

第一種價值，也就是「面值」會隨著物價波動、通貨膨脹[40]而變動，也會因為匯率的改變而變動，正因為購買力變動了。

舉個例子講，在土耳其，因為過去通貨膨脹的關係，每個人很容易就擁有億萬財產。在土耳其，里拉 (Lira) 為土耳其貨幣（國際通用的貨幣代號是TRL），當時一塊錢的里拉大約等於$6.79486308 \times 10^{-7}$美元，這種匯率是小數點後面帶了7個零，真的小到不能再小了，那時候土耳其紙幣最大面值是2,000萬里拉，所以隨便的小花費都是百萬千萬的價格，很揮霍吧，在感覺上，的確是這樣。

但是從2005年1月1日起，土耳其政府宣布，新貨幣在新年第一天正式啟用，而新貨幣的面額比舊貨幣的面額整整少了六個零。新發行的1里拉折合100萬舊里拉，也就是說新貨幣的面額與舊貨幣的面額相比，整整少了六個零。這下子，所有土耳其人的身價頓時之間都少了六個零，不再隨便擁有億萬財產的土耳其人，一時之間當然心態很難以接受。

關於第二種價值，就是硬幣的物理價值。

在2006年5月份的時候，報紙的財經版曾經出現一篇「1元硬幣，身價1.26元」的新聞標題，這則新聞的確相當引人注目，1元新臺幣怎會價值1.26元呢？

---

[40] 所謂的「通貨膨脹」指的是物價在一定時間內持續地上漲，有時候市一日三市，這時候手上的貨幣購買力變的很差，大家都會搶購物資用來保值，因此，流通在市面上的貨幣愈來愈多。另外一種情況是一國的中央銀行濫發貨幣，收刮民間物資，也會造成通貨膨脹，幣值會愈來愈高。

　　這則新聞之後還讓中央銀行發出新聞稿解釋一番，說明中央銀行鑄造硬幣的成本是隨幣材之市價上下波動，就一元硬幣的平均成本言，僅0.36元而已，遠低於面額。除了宣稱硬幣的價值其實是被媒體誇大之外，甚至還道德勸說硬幣係各種金屬之合金，並不符工商業用途，分解不易，成本甚高，無利可圖。

　　除此之外，新聞還指出民國62年曾經出現鎳幣荒，集幣社只要認為有利差，就會有人搜幣、熔解，因此一旦熔幣有一倍的獲利時，就有可能再度出現當年菜販、百貨公司店家沒有零錢可以找的怪現象。

　　一個小小一元新臺幣的玄機還真大，尤其在現在，不管是什麼投資管道，能夠在短期內可以有26%的投資報酬率，這種投資方式的確不簡單。更甚的是，五角硬幣的身價竟然高達0.93元，高達86%的報酬率更是引人側目。

　　但是，想獲得這些報酬率的條件也不簡單，那可是要熔掉以「噸」為單位的硬幣才辦得到，想如此「投資」獲利的人，恐怕還要有閒、有功夫，有毅力才辦得到，當然，還得冒著吃牢飯的風險才可以獲利。

　　問題來了，根據新臺幣一元的成色（現有的1元銅板，每一枚3.8公克，含銅92%、鎳6%、鋁2%），這可是要把一億枚重達380噸的一元硬幣熔解掉才能得到1.26億新臺幣，方可獲利2,600萬元，扣除掉成本（包含搜集、熔解等成本），能否獲利恐怕還是未知之數。

　　你我，大概都不會去作這種「傻事」。

　　這則新聞的重點問題在於，硬幣的「身價」怎會高於「價

值」？這麼一來，中央銀行不都作了虧本生意，硬幣鑄的愈多成本愈高，還高過面值，這下子不就虧大了？

價格與價值的迷思

針對價格與價值的討論，怡克納米斯舉出他對於臺灣就業市場的見解。

臺灣的景氣在最近幾年的表現上的確不是很理想，甚至還造就了所謂的M型社會，富者恆富，但中產階級卻落到所謂新貧階級，社會財富呈現兩極化發展。

過去，社會階級可以靠著受高等教育而流動，但這十年來，隨著大學教育的開放，反而造就了人人有大學可念的詭異景象。加上近幾年景氣真的很不好，大學延畢率提高，連報考碩士班的人數也逐年提升，以往大學生滿街跑的景象，現在變成碩士生也是滿街跑，共同的理由是景氣不好，升遷管道緊縮，打算拿個學位提升自我價值的籌碼。

如果從教育的供需來看，現在高等教育製造了一群高級知識份子，但是就業市場卻不打算容納或消化這麼多的高級知識份子時，顯而易見的就是高失業率與較低的薪資水準。

就業市場很無情，是供需決定學歷的基礎價格，所以，很多人會反應說現在的大學畢業生的起薪標準大不如前，而碩士畢業生的起薪標準，甚至和大學畢業生相差不大。於是乎，學歷與就業的恐慌變成大學業生努力的擠研究所的窄門，而大學為了容納這些報考研究所的大學生，只好努力增設研究所。

就這樣演變成大學生搶高中生的就業市場，研究生搶大學生

的就業市場，向下擠壓與排擠變成了社會常態。

　　但是一些勵志文章總是談到「價值」的問題，談到「價格」時認為俗到避之唯恐不及。

　　網路上一篇討論價格與價值的剪報，大意上是這麼說：「價值是自己給定的，價格是老闆給的。」但是一位公司負責人和我談起這篇文章，他希望付出去的「價格」不是很高，公司裡頭每個人都有相當高的「價值」，但是公司只打算付給員工較低的「價格」，因為價值和價格無關。

　　網路又流傳一篇討論價格與價值的文章，結果和前篇截然不同，作者主張價值是老闆給定的，是「價格決定於價值」。這種討論充當勵志文章倒有一時之間的勵志作用，然不同的主張，就好像是討論「蛋生雞」還是「雞生蛋」的問題，對於價值和價格的基本定義，倒就是放在一旁，不予理會了。

　　嚴格說來，價格和價值的確不同，在英文裡價格是Price，價值是Value，價格的產生是由於交易，可以進行比較與衡量，然價值就不一定了。價值的產生是主觀給定的，很難透過量化來進行衡量。就像在拍賣場中，拍賣品的價格可以透過競價來產生，但在職場上，這種競價的行為通常只會發生在高階主管的挖角戰中，一般人可能享受不到。

　　國外管理文獻上經常看到一些給予員工高薪與優渥福利和良好工作環境的企業，在績效表現上，往往優於同類型的企業，換句話說給定高價格也能產生高價值，產生正循環，這點在管理心理學的研究中得到驗證，勞資雙方都是贏家。若給定低價格呢？通常對於創造員工的價值並無幫助，既然無法創造員工價值，企

業本身的價值也無從建立，這是一個負循環。

　　人類是一種很聰明的經濟行為動物，在職場上，老闆給薪的條件在於你能帶給他的邊際價值或者貢獻來定義薪資高低，而並非看到自己的總價值，這種總價值對其而言，意義其實不大。在工作表現上，理性上只會對給定的薪資，促使自己的邊際價值和貢獻，不高於工作的薪資。這種競逐的效果在長期來看，實際上前半段的邊際貢獻，也就是自己帶給企業的價值其實往往高於自己邊際價值，後期剛好相反，這剛好反應在職場的升遷當中。

　　因此，在職場的競爭當中，當提升的是自己的邊際上的價值，以有效彰顯對企業的貢獻，而不是強調自我的總價值，捨本而逐末。所謂英雄不怕出身低，因此一個聰明的企業主所看待的不是過去是否出身名校的光環，而是看待邊際上是否能夠具有貢獻的價值來定論的。

格萊欣法則──劣幣驅逐良幣

　　上述這則新聞讓我想到經濟學上有個著名的「格萊欣法則」（Gresham's Law），也就是著名的「劣幣驅逐良幣」的故事，只是沒想到當初在大學課堂上所談的理論，竟然有一天也會出現在現實生活裡，這的確是一件很奇妙的事。

　　所謂的格萊欣法則其實是說，當一個政府發行劣等硬幣時，由於過去的舊硬幣（良幣）的成色較好，因此民眾會大肆蒐集舊硬幣熔毀來套利。

　　既然知道何謂格萊欣法則，那就得檢視一下這個「1元硬幣，身價1.26元」現象，是不是就是劣幣驅逐良幣所導致的呢？

這是我的疑問，當然很多新聞媒體也都引用這種劣幣驅逐良幣的故事，但怡克納米斯可不同意這樣的說法。

怡克納米斯認為：「臺灣現在這個現象並不適用格萊欣法則，那是因為中央銀行並未發行劣幣，只是湊巧目前的貴金屬價值攀高而已，導致硬幣裡的某些金屬成分的價值高於面值。」

我覺得他點出事實的癥結點，中央銀行並沒有發行「劣幣」，既然沒有發行劣幣，怎會有良幣與劣幣之分，當然更不會出現劣幣驅逐良幣的狀況。

怡克納米斯繼續補充說明：「這種現象只能說是中央銀行發行硬幣的『成本』太貴了，導致一元硬幣的『單價』高於『成本』所產生的。至於這一塊錢，則很抱歉，它還是一塊錢，購買的價值不變，直到你能夠搜刮到一噸的一元硬幣，熔毀後將各個金屬成分析出並且售出，如此一來你的報酬率才會高達26%。」

收集一頓的一元硬幣，這可是個大工程，雖然獲利不錯，但把收集硬幣的交易成本計算進去（因為你不太可能會刻意儲藏一頓的一元硬幣），報酬率能否讓人滿意，這恐怕就是個很大的疑慮了。更何況，你敢甘冒「妨害國幣懲治條例」意圖獲利嗎？那可是要判處一年以上七年以下有期徒刑的重罪喔！

好的員工留不住？

格萊欣法則的劣幣驅逐良幣現象，在一些的管理分析上經常出現，通常是描述好的員工留不住，剩下的都是一些沒競爭力的員工。這樣對一家企業好嗎？

一定不好！很多人一定這樣認為，但怡克納米斯可不見得同

意這樣的說法。

　　「大家都忘了一點，硬幣的劣幣與良幣可以用金屬成分來區分與判斷，價值的基礎在於金屬的『價格』，而每個人的成分不盡然相同，也很難比價，怎麼說誰就是『劣幣』，誰就一定是『良幣』呢？」怡克納米斯舉出管理學上與經濟學上的看法不見得相同。

　　簡單來說，管理學注重詮釋管理的現象，但經濟學比較注重行為背後的意涵罷了。

　　所以說，按怡克納米斯的見解，某某人劣幣驅逐良幣這種說法，其實並不充分，這只是「不充分」而已，並沒說這種觀念是「錯誤」的。

　　顯然，怡克納米斯同意我的補充說明，他緊接著延伸他的看法：「人員流動的理由與背景相當不一，不過有一種現象很像格萊欣法則的背景。舉例來說，當員工發現他的身價，也就是本身的貢獻度、專業度等因素的總和，高於公司付給他的價值，也就是薪資時，一有機會很容易發生離職換東家的誘因，反正就是良禽擇木而棲，這種現象其實也沒什麼大不了。」

　　跳槽，當然不是道德問題，而是市場經濟問題，但很多管理專家都解讀為是職業忠誠的問題，是工作穩定度的問題。總之，跳槽這件事，千錯萬錯都是員工的錯。

　　但是，為何企業沒錯呢？企管專家顯然都是站在企業的一方來評論。在比較近期的管理書籍中，也有企業家提出「員工第一，顧客第二」這樣突破性的看法，並且成功實施，讓一家百年老店蛻變為企業創新典範。

顯見，重視員工，是一股新的管理思維，一反過去員工只是「生產機器」這樣的傳統看法。

該不該跳槽？

我有幾個朋友前陣子正陷入抉擇中，不知是否該跳槽？情況是原有公司的待遇與發展遠不如新公司的條件，正巧發現身價大於價值的問題，但舊東家經常動之以情，說之以理，搞了半天好像離職跳槽非常對不起這家公司似的。

問題在於，已知離開會比較好，但是，留下來難道不會變差嗎？

通常很多人會以職場道德等等因素批判跳槽的行為，但換以理性的經濟思維來分析可以瞭解到，當現有工作付出與報酬不對等時，久而久之他的工作效率不低落才怪（這是一種自我調整現象），所以留了對公司也沒多大好處，邊際貢獻反而低落。

這種現象從經濟學的角度來看，不是機會成本變高，就是邊際勞動的投入與邊際報酬不等，離職跳槽的理由堂而皇之，看起來一點都不愧疚。

所以，留下來的話邊際貢獻會變低嗎？我只好再請教一下我那位好友兼良師怡克納米斯了。

怡克納米斯提出他的見解：「就這件事來看，按管理學上的『公平理論[41]』而言，很顯然邊際貢獻的確會變低。當一個人的

---

[41] 公平理論為1963年亞當斯(Adam's)所提出，又稱社會比較理論。亞當斯認為每一個人對於自己與他人的投入會和彼此所得到的報酬結果做比較，並維持一個平衡—公平性。換句話說，滿足感乃取決於員工自己從

邊際貢獻和薪資的比值，在不同家公司進行比較時，如果不等就是不均衡，這時候如果沒有適當誘因的補償，人員是很容易異動的。因此，長時間來說，要員工共體時艱，管理者必須具體拿出『紅蘿蔔』才有誘因要員工留下，否則對整體社會來講是不經濟的！」

他緊接著拋出他的重點：「怎麼不經濟呢？當然是產出變低啊！」

為什麼產出會變低？這是我的疑問。

怡克納米斯這麼解釋：「職場上常看到兩種人，一種在公司一待數年，另一種經常跳槽，這兩者都有存在的理由，也可能都有其背景與因素，但是一家公司的人員長年沒有流動的話，恐怕就有問題了。」

他繼續補充說明：「人員流動率低的情況通常發生在環境太過安逸，這表示公司沒競爭力，所以好員工發現他的身價高於價值時只好跳槽另謀他職，這叫良禽則木而棲，留下來的員工當然不是較沒競爭力，不然就是貪圖安逸的人；另一種情況是老闆付的薪水高於市場平均水準，員工當然不會流動，但是，老闆是聰明的，發生這種情況的機會真的不高，但也不是說這種現象不會發生。」

我笑著說，反而留下來的員工是不具競爭力的，這就符合了劣幣驅逐良幣的情境了。

工作上所得到的報償與其對工作間的投入是否公平而定，其中工作投入包括：付出的時間、心力與金錢等，工作所得則為薪資、福利與地位等。

　　「沒錯！這是一種『逆選擇』的情況！」他整合了我的回應之後，提出他的結論。

　　對於職場生態的討論，管理學顯然比起經濟學而言豐富多了，而中國人對於形容職場的生態，文字的形容則更生動有趣。

　　前些日子我湊巧看到一篇大陸的管理評論，作者評論外商公司大量裁員的措施叫做劣幣驅逐良幣，並賦予一個不是很好聽也不乾淨的形容詞：「毛坑症候群(Cesspool Syndrome)」，形容留下的人一定會「佔著毛坑不拉屎」，毫無貢獻度可言。

　　問題來了，如同前述我和怡克納米斯的討論裡指出，誰能證明「你」就是「良幣」，「他」就是「劣幣」呢？

　　老闆眼中的良幣可能是高生產力的人，也可能是有高度業務手腕的人，所以老闆會千方百計把所謂良幣留下來，但是良幣會留嗎？很難說！至於，老闆如何得知員工良劣與否，判斷的條件與準則與否，這些都是左右誰是良劣與否的因素。

　　最後，我認為格萊欣法則中其實有一個很重要的觀點，就是「身價」高於「價值」，這本是一種相對現象。把格萊欣法則用於職場上時，這種現象並不是因為裁員所造成的，而是當企業以裁員的手段或成本控制的理由進行人員去留的處理時，卻又引進較低成本的員工代替時，離開的員工不見得因為自身的身價高於價值，或許只是理念不同使然而離開，只是被迫離開一家公司而已，用劣幣驅逐良幣來形容這種現象，一點都不充分。

　　要是當一家正常營運的公司的員工突然發現他的身價高於公司賦予他的價值時，職場格萊欣法則可能就容易發生。

　　求去、跳槽的員工去追求更高的自我肯定或者是薪資與職

位，那剩下的員工為何不會異動？有可能就是價值高於身價使然，而身價可以隱瞞，價值可以喊價，老闆選到最後卻印證了經濟學裡的「逆選擇」現象時，如果這個現象是普遍的，那這可就是面臨格萊欣法則的問題，企業主就必須感受到經營危機了。

Part 3 愛情經濟學

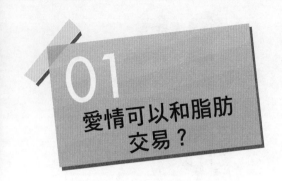

我在《巷子口經濟學》提到，愛情本來就是一場交易，有讀者反應說我把愛情講得太露骨、太市儈、太不浪漫，破壞他們對於愛情的憧憬。但我還是認為，愛情本來就是一場交易，不管你相信，還是不相信，這個事實還是依然存在，你可以選擇不面對它，到最後，依然還是得面對。

這一篇文章中，我更露骨，更進一步的說，愛情可以和脂肪交易。

在尚未進入主題之前，我們先來談談「美麗」這個市場。

美麗是個市場

「美麗」是個形容詞，但也是個商品，既然是商品就有供需之分。

舉個實際例子來說明「美麗是個市場」也許會更具體一點。

美麗，當然有市場，而且還值得國家投入經濟資源。南美洲的委內瑞拉這個才兩千六百多萬人口的小國，但卻是世界小姐和

環球小姐最大的製造國，到目前為止共得到了六屆環球小姐的冠軍、五屆世界小姐的冠軍、五屆國際小姐的冠軍及一屆地球小姐的冠軍。我們當然相信美女經濟對該國而言是一項重要的國家資源，對GDP也頗有貢獻，當然，我更相信醫美市場絕對是一個新興蓬勃的一美容市場，不然臺灣怎會有一堆外科醫生增相投入這個市場呢？

圖片來源：聯合知識庫

醫美市場有多大？根據經濟部技術處[42]的一份資料顯示，以2008年為基礎年，全球醫美市場規模為230億美元，光一個美國就佔45%，約105億美元。

大家一定很好奇，臺灣的醫美市場到底有多大？

根據《自由時報》[43]引據尼爾森調查以及業者推估，2011年整體醫美保養市場規模大約新臺幣100億元，相較於2010年成長比例約20%，而以多元化醫美品牌為主要訴求的醫美零售店，2011年的醫美保養業績也有25%成長。業者更預估，全球醫美市場在2013年將達到470億美金，對於保養品市場而言，臺灣醫學

---

[42] 詳細資料請見：醫學美容產品創新趨勢與臺灣發展契機，經濟部技術處，2010.10。

[43] 資料來源：《自由時報》「百億商肌醫美保養夯」，2012年1月20日。

美容保養品市場每年市場規模約有20億元，年平均有9％的成長率，高於一般化妝保養品4％的成長率

更進一步來說，信仰美麗這個市場，絕對和一個國家的GDP和人民收入水平絕對有正相關。

國際美容整形外科協會在2009年的調查統計顯示，中國大陸的整形手術量居亞洲第一，美國的整形手術數量佔全球總數的17.5％，中國大陸佔比為12.7％，排名第三，印度排名第四，反而一般人認為一向以整形手術出名的韓國，只排在第七。國際美容整形外科協會認為，這些國家之所以盛行整容整行，主要是因為國民越來越富有，擁有了更多額外開支，財富增加使得人們可以花費在整容手術上。

當一個國家的GDP提高之後，美麗的市場就會迅速成長。因此，「為了美麗，錢一定要花在刀口上」，就會這成為這個世紀的名言。

「愛美」，人類的天性

美麗不單只是個市場，而且「愛美」還是人類的天性。

美國德州奧斯汀大學(University of Texas, Austin) 經濟學教授丹尼爾・漢默許(Daniel S.Hamermesh)在他的著作 "Beauty pays: why attractive people are more successful" （中譯：美麗有價，時報文化出版）中提到：

美國的先生和太太每天平均花在打理門面的時間，分別為32分鐘與44分鐘。

2008年，一般美國家庭的媽媽和女兒花718美元治裝，爸爸

跟兒子則是427美元，嬰兒服、鞋子等服飾商品跟服務的花費為655美元，個人保養商品和服務則是616美元，以上花費合計約4,000億美元的市場規模，佔當年所有消費支出近5%。

　　美國先生打理門面的時間約是32分鐘，這樣到底算不算是愛美的行為？實在很難說的定論，但對比美國太太的44分鐘，只少了12分鐘，即使不愛美，也真夠愛面子。

幸福可以交易嗎？

　　怡克納米斯常和我提他對於愛情的見解，愛情本來就是一種交易，在效用上是「相互依存效用函數[44]」（有關愛情與交易相關的討論，詳見《巷子口經濟學》中的「愛情是不是一場交易」一文）。

　　他認為：「愛情，鐵定是一場交易，只是這種交易的方式與對價是不是『金錢』而已。有的交易結果是『聲勢與社會關係』，有的交易結果是『滿溢的幸福』，然就新聞效果而論，前者高得多，至於後者，恐怕一點新聞價值都沒有。」

　　從他的說法中可以得到事實的驗證，不可諱言的，我們經常看到國內外很多媒體報導，會讓我們無法相信愛情交易的結果是「滿溢的幸福」，而更有可能是「財富與聲勢」。

　　但我們還是盡量追求「滿溢的幸福」。

　　美國《世界日報》(World Journal)就曾經報導過一項研究，研究者發現，性感美女並不會介意男伴是否是一位胖子，只要他

---

[44] 所謂的相互依存效用函數，意即一方的效用函數可能是另一方目標函數中的重要變數。

們是「家財萬貫」即可。事實上，我們也經常發現貌美女子嫁入豪門（偏偏大家又認為男方的年紀、身材與容貌實在是很糟糕）的新聞，大演「鳳凰飛上枝頭」的戲碼，然而，這當中又有多少是真愛的成分？

在中國大陸，年輕女人對於愛情的交易方式，有一種是當「二奶」。大陸官方媒體新華網在2011年6月21日一篇引述西班牙《阿貝賽報》(ABC.es)的報導指出，每年有數以千計的農村少女來到深圳，她們不是為了找一份工作，而是想找一個棲身之所與願意供養她的保護人。《阿貝賽報》的報導指出，包二奶現象已成為香港人夫妻關係出現問題的主因，甚至還出現二奶要求得到合法權益的遊行活動。

當婚姻出現二奶，二奶者也要追求合法權益，簡直已經市場化了，但所謂的「二奶權益」到底是何物？其實也沒有被精準的定義出來，難不成是要爭取合法被包養的權益？或者瓜分合法婚姻下的任何權益？

欣賞正妹無罪

之前談過，美麗不單是個市場，而且可以用來交易，但說得更坦白一點，在「性」的市場裡，美麗和性感的程度絕對與訂價呈「正相關」（經濟學家與社會學家認為，在性的市場裡，「姿色」絕對與「代價」成正比）。

當然，俗話說「女為悅己者容」，這個「悅己者容」的市場絕對龐大，但或多或少，一位美麗的女子不單單為「悅己者容」，這個效果也可能外溢出來，而這個外溢效果，得從「正

妹」說起。

　　我相信一個男人走在街上，一定會被「正妹」所吸引。當然，我得為了讓男人欣賞正妹有理，得端出一個經濟學理由證明──欣賞正妹無罪，更是有經濟利得的一種行為。但怡克納米斯可以把正妹現象，詮釋的更有經濟學理論的味道，於是乎，根據他的說法，簡直可以構築起我欣賞正妹的「正大光明」的理由。

　　怡克納米斯這樣說所謂的正妹：「就是從頭到腳散發出一種迷人的魅力，適當的外在打扮更是一種加分的效益，對社會而言，我們享受她們散發出的魅力，卻不用支付她們任何一絲費用，所以，正妹對社會而言有『外部經濟』的效果──多看有益！」

　　接下來，他這麼詮釋正妹的社會經濟效益：

　　「既然，正妹對社會上有外部經濟的貢獻，那麼，我們會願意補貼她們盡量散發魅力嗎？（譬如說，補貼她們治裝費和保養品費用）按經濟理論，既然正妹有外溢的經濟效果，照道理經濟社會應該願意為正妹們所散發出的魅力多支付一些費用，乃因為正妹們貢獻了一些效益。然而事實上，正妹們也因為她們的魅力，可能掙得更高的收益，所以我們也不用補貼她們治裝費和保養品費用了。」

　　如此，怡克納米斯為男人找到一個欣賞正妹的「學術」理由。

正妹比較容易成功嗎？

　　丹尼爾‧漢默許認為「愈具吸引力的人愈容易成功」。因

此，他為「美麗」設立了兩個議題，第一個議題是你願意為正妹（當然也包括俊男）多支付一些代價嗎？第二個議題是，正妹們比較容易成功嗎？

如果從經濟行為來看，第一個議題絕對是大家所關心的焦點（尤其是正妹），但要是兩個議題放在一起看，就免不了會引發外貌歧視的問題。

丹尼爾‧漢默許認為，當美麗和俊俏視為一項個人資產時，就可以為自己掙得更高的收入；反過來說，長得不怎麼樣的人，只得為他們的外貌接受較低的待遇，或者是爭取更高的學位來補足這種先天的缺憾。同樣的，美麗與俊俏是組織的資產時，同樣也可以為企業帶來更多的收益。另外一方面，美麗與俊俏這種先天的資源，容易讓自己更有自信，而更有魅力，形諸於外對客戶而言當然就更容易有吸引力，創造營收。

上述的說法的確是事實沒錯，但不是說沒了這項天生麗質，在工作與職場上就不容易成功。在百貨公司上班的化妝品櫃姐這個行業中，在外貌上相對是在均值以上，但成為銷售天后的櫃姐，也不見得是美得令人發慌，反而是對客戶與消費者用心的櫃姐容易贏得顧客。

這解釋一個現象，即是美麗通常具有吸引力，但具有吸引力的人，不見得相當美麗，這樣會公平一些！

美麗是一項資源，對一個組織而言，美麗的成員當然視為一項資產。丹尼爾‧漢默許又舉一些容易以外貌達成效果的行業（如律師、政治人物、大學老師和情色行業），但我們更常見的是在政壇選舉上，出現的「美女刺客」對選情有加溫的效果。以

臺灣來說，2009年嘉義縣就有五位美女刺客分別初次參與地方選舉，且全部當選。日本更是熱衷在政壇上派出美女刺客，泰國新任總裡盈拉也是挾家族勢力與本身的美貌當選（據說啦）。當然，這在事後會讓我們產生疑慮，選民究竟是為了候選人的外貌投票，還是為了她們的政見呢？

美麗是一種資本

針對美麗，也有學者提出「性感資本」(Erotic Capital)的說法。

英國社會學家凱薩琳・哈金(Catherine Hakim)在她的2011年8月所發表的新書 "Honey Money: The Power of Erotic Capital" [45] 上說，所謂的「性感資本」是一個人與生俱來性吸引力，結合外貌、性感、活力、打扮、社交技巧和性能力，性感資本是一種與經濟水準、個人成功、教育和社會關係等一樣重要的資產，而良好的外觀和相當程度的魅力可以幫助女人在生活中取得成功，甚至賺取比長相平庸的人高出10%到15%的收益，她更表示女人應該積極開發這項資本。凱薩琳・哈金更認為，性感資本不僅有市場價值，是一項資產，不僅可以買賣，還可以被衡量。

當歐美的社會學家與經濟學家不約而同的說美貌是一項人生資本時，女性同胞們是不是更應該好好學學《木蘭詩》中的花木蘭，「當窗理雲鬢，對鏡貼花黃」一番呢？

---

[45] 薩琳・哈金(Catherine Hakim)所著 "Honey Money: The Power of Erotic Capital" 的中譯本，由財信出版：資本力，從會議室到臥室都適用的強大力量，2012年8月出版。

　　經濟人談問題時，習慣以價格來表示，怡克納米斯通常都這樣說：「正是因為我們視美麗與俊俏為一種稀有的資產。也因為稀有，人類才會有競逐的需求發生。」所以，美麗也有市場價格。

　　如丹尼爾・漢默許的論證，正妹當然是資產，對企業的經營一定有幫助，老闆才願意付高價請來貌美的正妹來當差，但鐵不是為了愉悅辦公室的男人，只是讓這群男人享受到一些外溢效果，順便眼睛吃冰淇淋罷了。哪有老闆會這麼慈悲，花大錢請正妹當花瓶，來愉悅辦公室的男人呢？

　　但事實上美麗在一個組織內有可能形成一些阻礙，例如，美國某銀行開除一位正妹的理由是她穿著太過火辣，讓男性員工無暇認真工作；臺灣某美商軟體公司開除一位正妹，理由是穿著過於花俏，尤其是超短的短裙與網襪。美國愛荷華州法院判決一名53歲的牙醫太太開除一位辣妹助理是合法的，因為她威脅到牙醫的婚姻，即使是這位助理並沒有勾引牙醫。所以，美的過火在組織內恐怕是一項成本，而不是資產。這種成本，倒是美麗的經濟效果外溢的太過分，讓辦公室的男士們更無心於辦公。

　　美麗，在辦公室裡，過與不及都不好，要如何美的恰當，恐怕是女士們要好好思考的問題。

　　若以正妹當Show Girl這件事來思考，同樣的，老闆請來這些正妹們，只消邊際收益大於邊際成本，就當然划算。

　　曾經有新聞話題提到「臺大正妹」現象，正是因為這些臺大正妹們太稀有了，臺大校長才會提到臺大的女生畢業之後跑去走秀太可惜，應該要找到能展現與其所學相關的工作職業才對。

　　但臺大校長鐵定不是經濟學家，他肯定不知道這些臺大正妹之所以為正妹，是因為本身的特有資產與生俱來的天賦異稟，才能夠掙到比其他Show Girl更高的待遇，再額外受臺大招牌之賜。

　　我把這則新聞轉給怡克納米斯評個理，臺大正妹不好嗎？臺大校長的說法有理嗎？

　　他竟然笑著說：「可以建議一下臺大校長，但不知道是否臺大已經申請過商標？如果已經申請過商標，可以合法地請所謂的『臺大正妹』支付商標使用費。就好像對於過度使用『臺大正妹』當招牌的校友，收取一些『招牌稅』，乃『臺大』這兩個字對於這些正妹而言是種外部經濟，臺大校長可以多一點經濟思考，想辦法『內部化』一點——徵稅應該是一個不錯的手段。如此一來，對臺大正妹的收益不但沒有減少，有官方的授權更是稀有的資源。」

　　這樣說來，母校對面蓋了一整排的住宅大樓，都號稱可以享用母校的無敵校景，是否也可以建請校長對這些建商收取「景觀稅」（連到校拍婚紗都要收費了，向建商收「景觀稅」更是當然）？但是，一有景觀稅的問題，房價一定會轉嫁給住戶，這也是必然的結果。

愛情與脂肪可以交易

　　丹尼爾・漢默許的研究既然指出美麗是一項資產，推論來說，也可以拿來進行交易，在工作上來說可以掙得更高的工資與待遇，在婚姻上則是換得的是身價。

　　照理說，一朵鮮花不應該插在牛糞裡，也就是說美女應該配俊男（多金俊男更好）才對。但事實上，美女要是沒有俊男可以搭配，多金男一樣可以。

　　美國哥倫比亞大學經濟學家查波利(Pierre-Andre Chiappori)所做的研究指出，性感美女並不會介意胖子，只要他們家財萬貫就可以，他的研究訂出體重和收入的權衡公式：

　　身體質量指數(BMI)增加10%，只要邊際上多增加3%收入，就能夠抵銷肥胖所減低的吸引力。

　　查波利並指出，單身男女擇偶的兩大決定因素是「外形」和「社會經濟能力」，幽默感或好心腸等因素只占很小部分，所以證明外貌和社經能力是可以彼此替代的。

　　所以，經濟學家證明一件事，即是男人是個胖子無所謂，只要他有錢，他還是有魅力！

　　經濟學家說得很明白，一位男士擁有幽默與風趣，很難得會吸引到美女，即使能夠吸引，鐵因為另有其它原因所貢獻的，如俊俏的外貌與經濟能力，但退而求其次，既不幽默也不俊俏，有家財萬貫也可。

　　在經濟學家的眼中，只要是經濟資源就是有價的，稀缺與需求的程度決定市場價格，當然，美麗是一種稀缺的資源，美麗有價這件事也毋須用太世俗的眼光來看待，脂肪與愛情可以交易也不用看得太過嚴肅。畢竟，這只是一種現象，而不是一種全面均衡，如果是一種全面均衡，窮男人和醜男人鐵已經從世界上消失幾千年了，而我還活得好好的（我也是窮到臭酸的醜男人），以歸納法來講，以上經濟學家所講的道理，絕對不會「恆成立」！

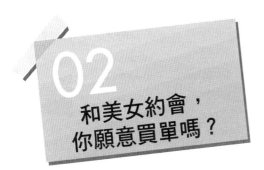

和美女約會，
你願意買單嗎？

男人們，請你回憶一下，當你和約會對象第一次在餐廳約會時，到底是誰買單呢？而買單的動機與理由又是什麼呢？

約會的門檻高低

當愛情是一種交易行為的時候，我相信根據經濟理論，男女雙方付出的代價，應該至多等於他得到的效益，但這道理用在約會買單這件事上，不盡然會成立，因為費用是固定的，除非他認為首次約會的進入門檻應該低一點，然後循序漸進才能控制成本，得到最大效用。

但問題是，當你用這招去對付你的約會對象時，對方會怎麼想呢？

我們來假定一個情況，男士要約一個女士，他決定要一起吃個飯。

當約會對象決定時，男士至少已經可以確認一個訊息——對方是值得約會的一個對象，至於她會不會應允，這個是機率。

好，重點在於要讓對方應允，至少要提高應允的機率，假定這個機率是X，於是乎，男士們應該要辨識出，哪個變數會提高X，我們假定這個變數是Y。這個邏輯如下：

$Y \rightarrow X$

箭頭指向X，代表X受Y所影響。

　　要讓約會成功的方法，網路上有很多招式可以參考，這些招式都是讓大家如何約會成功，避免失敗的方法，但重點是這些招式都是「事中」，而非「事前」，所以這些招式都不是Y的變數。

　　有人在網路上公布了七大邀約的方式：

(1) 事先在心裡做好出分準備，要清楚表達自己的意思。

(2) 不要開門見山，要從上次最近的經驗中找話題，再切入約會主題。

(3) 表現自己的誠懇與尊重，清楚表達自己真正的心意，讓對方覺得受尊重。

(4) 不要給人強迫之感，過與不及皆不好。

(5) 約會內容應具體且有趣，要說得生動與有趣，以提高對方答應的動機。

(6) 要有再接再勵的精神，不能因為對方回絕而放棄。

(7) 要保持風度與禮貌。

　　這七項招式，大體上可以符合Y變數的要求，但說起「誠

意」這件事，文章可多得很，總的來說，約會的邀約就是要讓方感受到你有「誠意」，而又受到「尊重」，那麼，邀約成功的機率至少有一半以上。說的學術一點，就是說男方願意支付的成本（包含實質與非實質），決定女方願不願意的門檻。

如果男士甲和乙，分別對和初識不久的女士丙提出邀約，女士丙對兩者皆認識不深，也沒有特殊的偏好。

男士甲提出花園餐廳約會的計畫，有美食，有音樂，希望能夠打動女士丙，反之，男士乙提出西門町看電影的計畫，各位說看看，假定女士丙可以都拒絕，或者接受其中一位的男士的邀約，誰有機會出現？

我認為是男士甲。

借用怡克納米斯的口吻：「當市場資訊不清的時候，有時候約會的門檻會決定一切，門檻愈高，誠意愈夠！」

男士們一定不是省油的燈，因為提高約會門檻這招式，並不是什麼高深的祕密，但如果所有競爭者都用這招，即會出現「軍備競賽」，死命的提高約會門檻，譬如都提出到高檔餐廳約會，女士丙又如何決定呢？

男士們千萬別忘了，所謂的門檻Y包含了價格門檻，以及非價格門檻，死命的競逐價格門檻就是一種軍備競賽，也許會造就其他人提出非價格門檻的應允機會。

好吧，約會門檻成本Y，決定應允的機率X。聰明的男士，應該去思考如何有效的提高總約會門檻，但還能控制約會成本（不要陷入軍備競賽），才是高招！

美女通常不願意買單

英國《每日郵報》(Daily Mail)在2011年3月23日一篇報導
"Let's not go Dutch: Attractive women expect their date to pay for
dinner because they're worth it" [46]，文章內容提到，英國聖安祖大
學(St Andrews University)的一項研究指出：

> 美女比較不像長相平凡的女子，會願意在第一次約會時
> 付錢買單。

聖安祖大學這項研究刊登在《演化心理學期刊》(Journal
Evolutionary Psychology)中，研究人員針對416名男性與女性進行
調查，要他們假裝要參加一系列約會，並為自己的魅力評分。研
究人員把約會對象的照片提供給每個研究對象，要他們想像跟約
會對象共進晚餐，並決定應該由誰付錢。參與研究的人可以決定
自己全部買單，或者要求約會對象付錢，或是各付各的。結果顯
示，美女比較不願分擔費用，然帥哥也不願花錢。

這篇報導透露出一個有趣的訊息，就是美女和男士第一次約
會時，她期待對方要付錢買單，正因為美女們打扮出門，她當然
得支付很多成本，基於這個原因，為了公平起見，男士應該買
單！

但更有趣的還在後面，要是美女認為約會的對象不盡滿意

---

[46]《每日郵報》的報導 "Let's not go Dutch: Attractive women expect their
date to pay for dinner because they're worth it"，原文網址：http://www.
dailymail.co.uk/femail/article-1368831/Attractive-women-expect-date-pay-
dinner-theyre-worth-it.html

時，美女們寧可各自買單，我也覺得合理，正因為讓不愉快的晚餐本來就是個「沈沒成本[47]」，明智之舉當然是趕快結束約會，而各自買單則是給男方一個警訊──你不是我的菜，而不是堅持讓對方買單，還存有繼續提出約會的意念。

主持這項研究的聖安祖大學研究人員Michael Stirrat認為，第一次約會時讓對方付點點錢，美女們並不會覺得不好意思，正因為她們認為，跟她們相處的時光很愉快，約會對象應該有所貢獻，因此她們期待對方買單。

怡克納米斯更具體的解釋約會付錢這件事，他認為這項研究說起來也挺合理：「如果約會的對象是個美女，男士們享受約會所帶來的效益一定高於實質上所付出去成本（如一頓晚餐的開銷），也就代表美女可能散發且外逸出一些外部經濟效果，那麼，即使男士們買單，他們的淨效益也是為正的。」

約會買單的動機

約會買單，也是一種策略。

聖安祖大學的研究也指出一件事，如果男人想讓約會對象留下深刻印象，會比較願意幫美女付錢。

Michael Stirrat認為：「約會時，當男人願意買單，在某種程度上是在表達對約會對象有興趣，且期待下一次約會再見到約會對象。但對女人而言則正好相反，女人期待帥哥付錢，也許是只是表示期待還有下次約會。」

---

[47] 沈沒成本或覆沒成本(Sunk Costs)指的是當一項資源不能使用於其他用途，這種成本對於邊際成本毫無影響，也不會影響短期的決策。

　　這點出一個弔詭的議題，男士們願意買單，是代表對約會的對象有興趣（也許是喜歡上對方），他會期待下一次還有約會的機會，但成與不成，還得看女士們的意願。但女士們就單純多了，他們期待男士們買單，只是很單純的期待還有下一次的約會，至於是否喜歡上對方，並不是重點！

　　所以男士們想單靠一次約會，就想讓約會的對象喜歡上她，這個機會並不高，可能還得長期奮鬥才能打動對方。

　　根據這項研究，男士們很容易知道要是提出再次約會邀請時，女士們會不會答應——從付錢買單就可以觀察出來。因為女士們只要對男士們不滿意，不管對方是否滿意，都會提出各自買單的動作，所以男士們只要接收到這樣的訊息，那就代表沒有希望了。

　　好吧，男士們，只要你約會的對象深情的望著你的時候，那麼恭喜你，代表她希望下一次還可以約會，你就得趕緊買單，但可別得意太早，只是答應下一次的約會，不代表已經喜歡上你。

　　但研究者並沒有提出解釋，不知聖安祖大學的研究團隊是否有分析出，要是女士們滿意男士們，但男士們偏偏在約會後不滿意對方時，又該如何？

　　男士買單，不啻就告訴對方「我喜歡你」嗎？若是男士們已經後悔約會了，到底要不要買單？或者是，趕緊買單，當做沉沒成本，然後搞「失聯」……這樣會不會太傷女人心啊？

買單的投資報酬率與風險

　　男人和美女約會時，到底要不要買單？我相信大部分的男人

都會買單，至於小氣八拉的男人會不會？這我就不知道了！至於
男人為什麼會願意買單，我想大部分的原因是你已經享受到美色
了，這種美色是一種外溢效果，好歹，也該付一下錢嘛！但前提
是，這位美女不能夠故意找家奢華的餐廳，男人恐怕會嚇到，死
了這條心！

怡克納米斯笑著說：「所以，女士們對付中意的男士，千萬
要注意經營策略，因為感情的培養是長期策略，但男人而言是外
部效果內部化，他們也會重視投資報酬率與風險。」

這種美色的外部經濟，想必怡克納米斯的研究相當透徹，我
不敢說他的愛情經濟理論多麼地出色，但他確實可以把愛情經濟
談得口沫橫飛，其實也有他的道地之處，就像他提出的「欣賞正
妹」的經濟理論，男人們真得就該好好感謝他的貢獻。

「美女的美色，是一種外溢效果，在街上欣賞，男人們一毛
都不用付，但哪一天，男人想『外部效果內部化』，把競爭者排
開獨享效益後，那麼，男人的內部化成本就是約會成本，正因
為，貪婪的男人想獨享美色，那麼，美女既然已經慨然赴約了，
也讓你享受美色，男人買單似乎是天經地義的。」他繼續補充他
的愛經濟觀。

所以，根據他的建議，我想男人得考量約會的長期效果──
長期「外部效果內部化」經營的成本，正因為經濟學家認為愛情
也是一種雙獨佔的市場，男女雙方均想獨佔對方的利益（其實也
是一種剝削）。

所以，重點來了，女士們千萬要記住，放長線才能釣大魚，
但男人還是得精算一下自己的經營成本。

一句「我愛你」
的價值

　　人生的經驗，可以論斤秤兩來計價嗎？譬如說，健康、愛情、家庭幸福值多少錢？總的來論，到底快樂值多少錢？我的快樂可以被衡量嗎？和別人的快樂能夠一起比較嗎？

這讓我想起《莊子・秋水》中的「濠梁之辯」：

圖片來源：聯合知識庫

莊子與惠子遊於濠梁之上。

莊子曰：「鯈魚出遊從容，是魚樂也。」

惠子曰：「子非魚，安知魚之樂？」

莊子曰：「子非我，安知我不知魚之樂？」

惠子曰：「我非子，固不知子矣，子固非魚也，子不知魚之樂，全矣。」

莊子曰：「請循其本。子曰汝安知魚樂雲者，既已知吾知之而問我，我知之濠上也。」

莊子和惠施在濠水的一座橋樑上散步。莊子看著水裡的儵魚說：「儵魚在水裡悠然自得，這是魚的快樂啊。」惠施說：「你又不是魚，又怎會知道魚的快樂呢？」莊子說：「你不是我，怎知道我不知道魚的快樂呢？」惠施說：「我不是你，所以不知道你；但你也不是魚，因此你也無法知道魚是不是快樂。」莊子說：「請回到我們開頭的話題。你問『你怎麼知道魚快樂』這句話，這就表示你已經肯定了我知道魚的快樂了。我是在濠橋上知道的。」

好吧，到底魚快不快樂呢？經濟學家的想法又是如何？

快樂如何衡量？

清華大學經濟系劉瑞華教授認為，經濟學把人的行為動機效用化了，很功利主義，且客觀的用效用來決策。但經過奧地利學派和古典經濟學的辯正之後，人的行為動機確立為主觀性質，只有自己知道，無法在人際之間比較。

所以，莊子和惠施對於魚快不快樂的爭辯，按前述的說法只有魚自己知道。當然莊子也可以主觀的認為於很快樂，至於惠施問莊子知道魚快樂與否的問題，莊子還是可以「主觀」的說魚很快樂。

　　以這種說法來論莊子和惠施的「濠梁之辯」，無疑地，莊子應該是勝出的。所以，莊子才會回惠施：「請循其本。子曰汝安知魚樂雲者，既已知吾知之而問我，我知之濠上也。」也就是說莊子主觀的以為魚很快樂，惠施幹嘛還明知故問——既已知吾知之而問我。

　　針對快樂的定義，怡克納米斯從功利主義[48](Utilitarianism)來分析，邊沁(Jeremy Bentham)認為，一個最好的社會，就是其中公民最快樂的社會，最好的政策就是能夠產生最大快樂的政策。個人行為最道德的行為，即是能對所有受影響的人帶來最大快樂的行為，這就叫做「最大快樂原則」(the Greatest Happiness Principle)。

　　他更具體一點說明快樂如何被衡量，一般來說可以用態度量表來衡量一個人的快樂程度，雖然個體之間因主觀認知而無法比較，但統計上還是可以用平均值的概念，來表達各種快樂的程度。他以英國經濟學家Richard Layard在其著作 "Happiness" [49] 中衡量各種活動的快樂指數來說明：

　　從表14中可以發現，若以快樂指數來衡量一個人的快樂程度，「性愛」這件事的效用指數最高，而且花的時間也最低，但運動的快樂指數亦不低，達3.78，且花費的時間只有12分鐘。看

---

[48] 功利主義提倡追求最大幸福(Maximum Happiness)，認為效用至上，相信決定行為適當與否的標準在於其結果的效用程度大小。功利主義認為人應該做出效用即大的行為，計算所有快樂與痛苦，即正的效用與負的效用總和。功利主義不考慮一個人行為的動機與手段，僅考慮一個行為的結果對最大快樂值的影響，能增加最大快樂值的即是善，反之即為惡。

[49] Happiness這本書的中譯本為《快樂經濟學》，由經濟新潮社出版。

表14　各項活動的快樂指數

活動	平均快樂指數	每日平均時數
性愛	4.7	0.2
社交活動	4.0	2.3
放鬆	3.9	2.2
禱告/拜神/冥想	3.8	0.4
吃東西	3.8	2.2
運動	3.8	0.2
看電視	3.6	2.2
逛街	3.2	0.4
烹調食物	3.2	1.1
講電話	3.1	2.5
照顧自己的小孩	3.0	1.1
電腦/郵件/網路	3.0	1.9
做家事	3.0	1.1
工作	2.7	6.9
通勤	2.6	1.6

資料來源：Richard Layard, Happiness, 2006

來，現代人還得好好運動一下，即使短時間的室內運動，也可以達到不錯的效用水準。

　　從功利主義來看，幸福與快樂是一種正的效用，因此，痛苦與悲傷就是一種負的效用，都可以被衡量，只是無法拿到市場上來交易。

　　人際互動也可以增加快樂水準，從表15可以發現和朋友相處

表15 人際戶動的快樂指數		
活動	平均快樂指數	每日平均時數
朋友	3.7	2.6
親戚	3.4	1.0
配偶/同伴	3.3	2.7
自己的小孩	3.3	2.3
客戶/顧客	2.8	4.5
同事	2.8	5.7
獨處	2.7	3.4
老闆	2.4	2.4

資料來源：Richard Layard, Happiness, 2006

的快樂指數是最高的，達3.7，而和親戚相處的快樂指數達3.4，但花費的時間僅需1個小時，和配偶相處的快樂指數為3.3，花費的時間為2.7個小時。

　　若是比較不同時間的快樂指數呢？Richard Layard的研究中提到，一天內的快樂感覺，大致上從起床開始攀升，到中午時分為一天當中第一段較高的快樂指數，其後就逐漸下滑到接近下班的四點左右，指數又開始逐漸攀升到最高點的上床睡覺前。

幸福、快樂與GDP

　　一個國家經濟愈成長，代表收入愈多，但會比較快樂嗎？也就是說，一個國家追求GDP（國內生產毛額）的成長率，會使一國的人民普遍感到幸福嗎？

　　GDP怎麼算，就是民間消費、投資、政府支出加上出口淨額（出口減進口），這公式大抵上很多人都很清楚，但也令人詬病，詬病的問題來自於高GDP的國家，真的比較快樂與幸福嗎？

　　舉個例子來說，不丹(Bhutan)，是一個貧窮的國家，但又是一個窮到快樂的國家，所以，光以GDP的成長率來決定一個國家的人民是否快樂與幸福，先天上就受到這個公式的限制——必須轉化為貨幣來表示，所以，不丹創了一個「國民幸福指數[50]」。

　　快樂值多少錢？除了難以計價之外，每個人的快樂程度也不一樣，即使同一個快樂，大家的感受也不一樣。

　　前任法國總統薩科齊（Nicolas Sarkozy）在2008年2月找來兩名諾貝爾經濟學獎得主斯蒂格利茨（Joseph Stiglitz）及阿馬蒂亞森（Armatya Sen），以及21名國際專家，成立專責小組，研究衡量經濟表現的新方法，把國民快樂指數、生活水平及環境等

---

[50] 不丹的「國民幸福指數」(GNH)除了在經濟上謀求成長以外，必須同時追求物質上、精神上和情感上多層面的最大幸福，「幸福指數」包括4項基本內容，即「環境保護」、「文化推廣」、「經濟發展」和「良政」的九項標準：心靈快樂、環境保護、健康、教育、文化、生活水準、時間分配、社區活力及良好的治理等九項標準。

2012年5月17日，不丹總理廷里說，不丹國民逐漸背離傳統價值觀，物慾薰心。他表示，政府將提倡認同鄉村生活，遏止鄉村人口外移，重建昔日的淨土。他接受路透社專訪時說：「富裕帶來更多慾望。有些家庭有四、五輛車，這些進口名車應該開在遠比這裡好的路上。」不丹政府已計畫提高汽車進口關稅。越來越多人背離傳統價值觀，離鄉進城發展；但不丹在2011年的顯示，只有41%的國民稱得上「快樂」，而不丹曾經有過97%人民感覺幸福的紀錄。（資料來源：「富裕帶來慾望」不丹不再幸福，《聯合報》，2012.05.19。）

因素包括在內，以改革現行的GDP計算方法。

　　經濟學家建議，若計算家庭收入、財富及消費，比單純計算經濟活動生產總值，更能反映物質生活質素，一些非市場活動（諸如清潔家居等），以及個人消閒、社交生活、個人負債等因素，亦應被計算在內。另外，收入及財富分布、教育及醫療政策普及度，以及國家有否過度耗用經濟財富及破壞環境等，也應一併考慮計算在內。

　　若根據上述這種計算方法，比較法國與美國之後，工時短、假期多、福利好的法國，有助於提升經濟地位。在調整前，美國目前的人平均GDP比法國高14％左右，但在引用新計算方法後，雙方差距會再縮小一半。

一句「我愛你」的價值

　　理論上，我們都知道快樂與幸福都存在一定的經濟效用，如果，一國的GDP改加入幸福感（包含快樂）的話，而且，這個幸福感可以換算成貨幣（只是不能交易），各國GDP的結算方式改變之後，排序一定會大洗牌——高經濟成長的國家不見得GDP一定高，因為，可能包含了諸多減項因子，如疾病與高工時。

　　聯合國與哥倫比亞大學(Columbia University)在2012年公布了一份《全球快樂國家報告》(World Happiness Report)[51]，調查結果出爐，丹麥(Denmark)排名冠軍，成為全世界最快樂的國

---

51 《全球快樂國家報告》(World Happiness Report)下載網址：http://www.earth.columbia.edu/sitefiles/file/Sachs%20Writing/2012/World%20Happiness%20Report.pdf。

家，而最不快樂的國家是非洲多哥(Togo)，至於臺灣則是排名第46名。這份報告針對全球156個國家，自2005到2011年間，除了從國家經濟、教育、衛生、治安來看外，更從社會關係及整體健康情況來分析，完成這項為期7年的調查。調查結果出爐，丹麥(Denmark)成為全世界最快樂、幸福的人，緊接在後的則是芬蘭(Finland)、挪威(Norway)，接續第4名到第10名分別是，荷蘭(Netherlands)、加拿大(Canada)、瑞士(Switzerland)、瑞典(Sweden)、紐西蘭(New Zealand)、澳洲(Australia)和愛爾蘭(Ireland)。最不快樂的國家大多位居撒哈拉以南的非洲貧困國家，多哥(Togo)、貝南(Benin)、中非共和國(Central African Republic)和獅子山(Sierra Leone)等等。

　　幸福與快樂，當然可以被衡量。

　　2009年，由兩個英國人Steve Henry與David Alberts出版一本 "You Are Really Rich, You Just Don't Know It Yet" [52]，書中提到，真正的財富是來自健康與穩定的感情，如聽到一句「我愛你」(I love you!)，這句話的價值高達163,424英鎊！

　　舉個例子來說，經換算成臺幣之後，作者認為不同的快樂各有所值：

(1) 有人跟我說「我愛你」──NT$825萬

(2) 看了一場電影──NT$108萬

(3) 幫助過一個人──NT$285萬

---

[52] You Are Really Rich,You Just Don't Know It Yet這本書的中譯本名為《一句我愛你，價值825萬》，由三采出版。

(4) 開懷大笑——NT$540萬

(5) 學到新事物——NT$301萬

　　這兩個人在2009年發起了一項名為The Really Rich Project[53]的計畫，總計調查了1,000人次，並提醒世人體認身邊美好事物的價值，他們的調查方式很簡單，列舉50個不同的人生情境與經驗，再將他們與獲得彩券大獎所帶來的歡愉程度作比較，同時使用金錢評等系統，計算這些讓受訪者開心的事件，所帶來的實際金錢價值。這個調查發現，在人們心中價值排行榜上，前三名分別是：

　　身體健康——NT$903萬

　　聽見「我愛你」——NT$825萬

　　擁有穩定的感情關係——NT$774萬

其它的價值如下：

　　生兒育女——NT$618萬

　　度假——NT$459萬

　　性愛——NT$526萬

　　美好的回憶——NT$402萬

身體健康的代價：不吃不喝連續工作20年

　　身體健康值903萬元，這證明健康除了很難挽回之外，代價

---

[53] The Really Rich Project 計畫的網址：http://reallyrich.rhgdsrv.co.uk/。

真的非常高，也就是說一個人願意用至少903萬的代價，換到一個健康的身體。以臺灣在2011年整體服務業和製造業的平均每月經常性薪資36,803元來計算，則是245個月的薪資代價，代表至少要不吃不喝連續工作20年才能換得一個健康身體的代價。

但千萬不忘了，拚命工作的代價，有可能是拿身體健康來交換（當然，你可以一邊拚命工作賺錢，又努力運動），但這僅僅是一個交換價格，而沒有計入「機會成本」[54]，有可能還包含了降低生活品質、減少親子互動時間等代價，將機會成本全部都計入的話，拚命工作的代價，恐怕用一輩子的收入來交易都買不到。

雖然金錢一定會帶來快樂，但金錢的快樂等值於貨幣的面值，需要得到比面值更高的快樂感覺，就必須透過消費才能辦得到。然而，在金錢與物慾的背後千萬別忘了，那僅僅是得到幸福的部分條件與途徑罷了，絕非唯一！

---

[54] 經濟學認為所有的資源的使用皆有其代價，機會成本指的是在一個人所有可選擇的方案中，當他選擇其中一個方案，在其它被放棄的方案中，價值最高的那一個。

　　愛情與距離有何關聯？從邏輯上可以這樣命題，若愛情為因變數Y，距離為自變數X，愛情的函數式如下：

　　Y＝f(X)

　　也可以這樣表示：

　　Y←X（箭頭所指的是被影響者）

　　為了要證明愛情與距離是否有關連性，其實可以透過問卷調查的方式，大致上可以得到一些答案，但這篇文章不是在證明愛情與距離有何關連性，關連的程度如何？只是單純討論，遠距愛情下的經濟問題。

距離不是問題，溝通才是問題

　　作家張小嫻在《荷包裡的單人床》中有一句經典名言：

世上最遙遠的距離，不是生與死的距離，不是天各一方，而是我就站在你面前，你卻不知道我愛你。

這句話我想大家都很容易了解，張小嫻這裡提到的距離不是物理的距離，而是心中的距離，什麼是心中的距離，我認為是「溝通」，說的更精準一點，是「資訊不對稱」。

九把刀在《那些年，我們一起追的女孩》電影中，兩位主角柯景騰和沈佳宜也面臨這個問題（詳細的討論會在另外一篇文章再討論），明明沈佳宜就是喜歡柯景騰，但問題是為何柯景騰竟然無法意會出來？

從溝通的角度，大概可以推出兩個結果，一個是編碼的問題（沈佳宜），另一個就是解碼（柯景騰）的問題，但編碼與解碼的角色也可能改變，也就是溝通的兩方同時都扮演著編碼與解碼者。

問題在於編碼是否正確？

問題在於解碼是否無誤？

這就造成了張小嫻筆下的「我就站在你面前，你卻不知道我愛你。」的結果。

張小嫻另外一句經典名言出現在《不如，你送我一場春雨》這本書中：

世上最淒絕的距離是兩個人本來距離很遠，互不相識，忽然有一天，他們相識，相愛，距離變得很近。然後有一天，不再相愛了，本來很近的兩個人，變得很遠，甚至比以前更遠。

　　在張小嫻筆下，愛情最遙遠的距離是「我就站在你面前，你卻不知道我愛你」，而最淒絕的距離是「不再相愛」，我想第一種是溝通的問題，但第二種也可能不脫溝通的問題，正因為造成不再相愛的理由有千百種，溝通不良就是其中一種。

　　那麼，到底是最遙遠的距離最痛（也就是成本最高），還是最淒絕的距離最痛苦呢？

　　我倒認為是第一種——最遙遠的距離。因為，這種痛與成本有可能是綿綿無盡期，不曉得應該痛到何時？可不可以止痛？更淒慘的是，要是從最遙遠的距離，一路痛到最淒絕的距離呢？我不敢說那是錐心刺骨的痛，但至少也是痛澈心扉了。

　　張小嫻筆下這種距離的痛，其實也不是每次都這麼痛，愛情因距離所造成的痛苦，其實也是服膺邊際原則，第一次最痛，然後其次，再其次，然後麻木了。

　　同一個人，是沒法給你相同的痛苦的。當他重複地傷害你，那個傷口已經習慣了，感覺已經麻木了，無論再給他傷害多少次，也遠遠不如第一次受的傷那麼痛了。

　　然後，最終的愛情竟然是：

　　愛情，原來是含笑飲毒酒。

遠距的愛情

　　作家張小嫻書中提到，愛情最遠、最深和最痛的距離，其實不是物理與時間上的距離，而是心中的距離，如此說來，遠距愛

情是否能夠修得正果？

　　遠距離愛情好或不好？這個命題是《商業周刊》第 1177 期「經濟達人」中的題目。先撇開愛情的問題，我倒是對 Alchian-allen theorem感到興趣。Alchian-allen theorem認為，當同等的附加費用被加在兩個相似的產品價格上的時候，消費者將增加對質量較高產品的相對消費量，於是，相對優質產品往往被運往其他地方銷售或者出口。

　　經濟理論有個問題，即是很多時候都須「假設其它條件不變」方才有解，買水果的問題，其實我在《巷子口經濟學》中就說明過了，基於資訊不對稱與收益極大的前提之下，水果產地的水果，消費者很難購得「優質」的水果，大部分的水果當然以較高價（這裡指的高價是指相異於品質較差的水果，交易的當下金額）的金額賣到零售市場了，所以，消費者很難在水果產地買到質優價廉的水果。

　　想想看，農夫會成天等在那邊等遊客來買水果嗎？不會！正因為「等不到人來消費」是一種「風險」，相異於賣到零售市場（不管是否透過中間商）是一種「機會」，那麼，在機會與風險之間，你要是農夫，你會選哪一個？

　　A：收成一批水果，按品質高低，不同的價格賣給觀光客。

　　B：收成一批水果，品質高的賣給零售市場，品質低的留在當地賣給觀光客。

　　這個問題到怡克納米斯身上，他有不同的見解，他指出：

「遠距離愛情用Alchian-allen theorem比喻很有趣，但回歸到Alchian-allen theorem上，這個理論假定產品運往零售地時，沒有發生損壞或腐爛等成本才會成立。但愛情這件事顯然沒有『運輸』的問題；而且，一個人所提供的愛情服務，照理也無法生產出一個『高價版』與一個『低價版』的愛情商品，還能夠飛到另外一個國度，嘿，你要哪一種愛情版本呢？」

Alchian-allen theorem的盲點我認為離現實太遠，以農夫的觀點來論，極大化收益的條件當然是把「好水果」賣到市場去，剩下比較「差」的水果就留著等觀光客來買，而且價格還不致於太差。正是如此，臺灣的水果產地買不到相對「好」水果了。

我有個實際的經驗來說明上面這個現象。

有一回，我去觀光草莓園採草莓，抵達時已經是過午時分，草莓園已經剩沒多少草莓可採。我問了老闆草莓的採收狀況，他說一早的草莓先被挑出來，賣到批發市場，剩下的草莓才開放給觀光客。

這其實是一個很理性的經營法則，農場主人面對的是兩個不同的市場，一個是批發與零售市場，另一個是觀光市場，前者品質與賣相很重要，競爭程度高，但售價低（因為是批發市場），後者的市場也很競爭，品質一般，但售價高。

這個道理很簡單，僅僅是價格彈性的問題。

農夫不是絕頂聰明，但他有資訊優勢，而且他知道來這裡買水果的，都是觀光客，賣他貴一點，他們會覺得不虛此行（採草莓的重點是經驗），即使口感差一點，質感差一點也無所謂，大家各取所需，各取所得，皆大歡喜了！

遠距愛情的價格彈性

　　怡克納米斯認為愛情當然有價格彈性，正因為愛情本來就是一場交易，愛情也是一種產品與服務，有其代價與成本，所以，愛情當然有價格彈性——每個人的價格敏感度不見得都一樣。

　　他特別指出：「遠距離愛情到底好還是不好？我沒有定見，如果，大家覺得愛情是一種奢侈品（價格彈性很低），那麼遠距離愛情應該也是一種奢侈品，天高皇帝遠你都會飛過去，或者兩地相思；如果，愛情只是一種正常品，這種天高皇帝遠的『成本』，恐怕會嚇走很多愛情的追求者。」

　　他接著說：「但是，從實務上來看，即使認為愛情是一種『商品』，且有價、量的關係，也不盡然大家的價格彈性都是一樣的，正因為每個人的效用水準都不一樣，且相當主觀，所以不能概一論斷說愛情的價格彈性一定高，或者一定低，即使是遠距愛情也是。」

　　回歸到價格彈性，所謂的價格彈性指的是當商品的價格變化一個單位時，對需求量的影響程度，如果影響很大，則價格彈性高，否則就是彈性低。

　　愛情這個價格，可以說是消費愛情的價格，也就是愛情的需求者（買方），所必須為消費愛情所付出的代價。如果愛情很難追求（代表成本高），會不會打退鼓？如果會的話，就是彈性高。

　　《商業周刊》的一篇文章提到讀者的提問「為何大家想到遠距離愛情，都覺得只有『辛苦』兩字，藉此考驗兩人相愛程度不

是很好嗎？

　　專欄作者用Alchian-Allen Theorem來解釋這個現象，他以蘋果產地為例，假定，蘋果有高級有低級兩種，高級蘋果每個2元，低級蘋果每個1元，所以高級蘋果的相對價格就是兩個低級蘋果，如果把兩款蘋果都運到外地，每個加收1元運費，價格便就變成高級蘋果3元，低級蘋果2元，此時，高級蘋果的相對價格變成 1.5個低級蘋果，相對價格反而比在產地便宜，所以外地人會因此增加高級蘋果的相對消費量，這就是高級蘋果會運到外地賣的原因。

　　我對這樣的回答有所疑問，同樣的，怡克納米斯也認為這樣的解釋並不妥。

　　怡克納米斯並不太同意這樣的說法：「正因為消費者並不知道蘋果的產地價格，他只知道蘋果的零售價，當然高級蘋果一定比較貴——不管是絕對價格，還是相對價格。」

　　作者認為遠距愛情也是如此。

　　如果妳在三千公里外有個男友，這個男友最好是高品質，這會比在三千公里外有個低品質的男友還好，因為這樣才不枉費妳要坐好幾個小時飛機去看他。所以遠距離愛情若能維持，至少能說明妳對他或他對妳來說都是高品質對象。

　　我認為這在實務上有個問題，一個女生必須要同時擁有一個高品質且遠在他方的男友，與一個低品質近距離男友，腳踏兩條船的結果，高品質男友會勝出。

　　但事實果真如此這樣精準料定，或者真的照經濟學家的寫的劇本演呢？

中國人說「近水樓台先得月」，遠距離的愛情可不見得吃香，近距離的愛情，雖平價，但看得到，摸得著，又何嘗不會勝出？

回歸到張小嫻那句愛情名言「世上最遙遠的距離，不是生與死的距離，不是天各一方，而是我就站在你面前，你卻不知道我愛你。」遠距離的愛情雖然高價不易得，但碰到「心」的問題，還是得不到結果。

愛情很難追求，不代表追求者都會退出。但最終來看，愛情還是要有所選擇，而不是無從選擇，保有點價格彈性（不管是高還是低），而不是毫無彈性，這樣的愛情，才是比較健康的！

當爹娘的「選擇」

時下很多結婚的夫妻都想當頂客族(DINK, Double Income and No Kids)，原因無它，養兒不易的問題乃是衝擊時下的夫妻不願意生小孩的原因。

在臺灣，結婚與生育意願雙雙下降

　　圖38是內政部戶政司統計臺灣地區自1991年到2011年間的十五歲以上人口婚姻分配比率統計，從圖中的趨勢可以清楚知道，「有偶」的比例正逐年下降（2011年為51.79%），但未婚率似乎變動不大，然離婚率從1991年的2.37%成長到2011年的7.32%

　　圖39是同時間一般出生率的統計，所謂的一般出生率指的是一年內每千位育齡婦女的平均活嬰數（不論是否已婚），從圖中的趨勢可以知道在臺灣除了有偶率降低之外，連生育的狀況也不理想，代表生育意願每下愈況。（1991年為0.058%，2010年為0.027%，2011年為0.032%。）

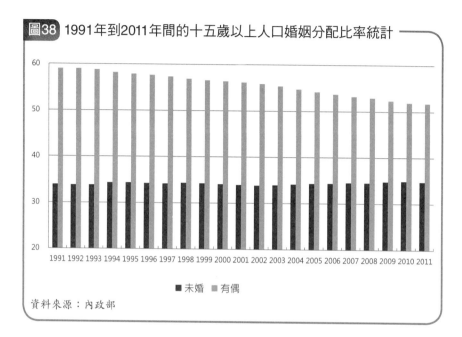

圖38　1991年到2011年間的十五歲以上人口婚姻分配比率統計

■ 未婚　　■ 有偶

資料來源：內政部

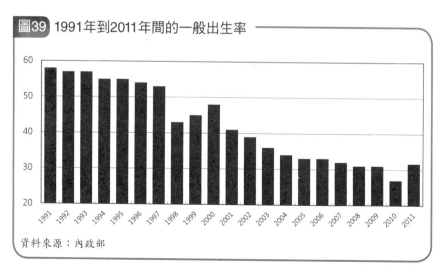

圖39　1991年到2011年間的一般出生率

資料來源：內政部

養兒大不易

把一個小孩拉拔長大，到底要花少錢呢？

跟據英倫時代網路(UK Times on Line)的新聞報導指出，養活一個16歲的孩子，父母每星期的開銷大約是64英鎊，或者是每年3,328鎊，而養活一個15歲和11歲孩子的開銷大約都是每週62鎊。另外一份報導也指出，把一個初生嬰兒拉拔到投票年齡的總成本是43,056英鎊。

看到英國的調查統計數字，在英國養育小孩的成本一點都不高，但在美國養兒的壓力可真不小。

美國農業部在2011年中公佈的一份報告顯示，將2010年出生的新生兒撫養到18歲，美國中產家庭平均花費226,920美元。這一數字比2009年高出2.1%。

在中國大陸上海，在2010年時養育一個0至3歲兒童的直接費用平均為人民幣32,719.5元，養育4至6歲孩子的直接費用平均為人民幣31,943元，養育7至12歲孩子的直接費用平均為人民幣31,226元。

以臺灣的情況來論，養兒育女到底要花多少費用，有人推估在尚未念小學前，平均每年的花費至少是在20到40萬元之譜，栽培一個小孩讀到國立大學畢業，保守估計大約得花上500萬元的費用。

養兒的代價真不少

怡克納米斯經常提到，貨幣是有時間價值的，因此，考量貨

幣的時間價值時，必須把時間的因素考慮進去。

　　假定，平均栽培一個小孩從出生到國立大學畢業，總費用是500萬元，正因為每一筆費用在一個年度裡，若和其他年度比較，會有時間的影響（想想看，一筆錢存在銀行當然有利息），所以，這個費用的計算不單單指是加法而已，必須利用到「年金」(Annuity)[55]的概念。

　　如果我們想知道把一個小孩拉拔到大學畢業，真實的成本到底多少呢？這時候就必須依靠年金現值的觀點來計算。根據前述估計，拉拔一個小孩到國立大學畢業須花費500萬元，因為這僅僅計算每段時間的名目價值，若我們僅考慮每段時間皆是平均花費，也就是說每年平均花費都一樣的話，設算22年（剛好大學畢業）的養兒費用，每年的花費是22.7萬元。

　　若考慮實際成本，也就是必須考慮時間的價值，為了簡化起見，假定年利率是3%，這裡必須注意的是不能單純假設銀行的定存利率，而應考慮這筆錢的機會成本，也就是說這筆錢如果不放在銀行裡生利息，應該有較高收益率，這個收益率即是機會成本。

　　在年利率3%，每年的年初存入22.7萬元，如圖40以EXCEL的FV函數（年金終值）的結果為7,139,804元，也就是說名目上500萬的育兒成本，真實的代價約為714萬元。若是，資金機會成

---

[55] 年金指的是指在一定期間內，資金的流出或流入，可以計算出年金的「現值」(Present Value)，即一筆資金在T0時間點的價值；或者，也可以計算出一筆資金的「終值」(Future Value)，即一筆資金時期間終了時的總價值。

本更高的條件下（年利率更高），這個育兒的年金終值會更高。
（由於年金終值的每期金額皆是以「流出」的方式表達，為了得
到正值必須以負數表達。）

圖40 3%年利率的年金終值結果

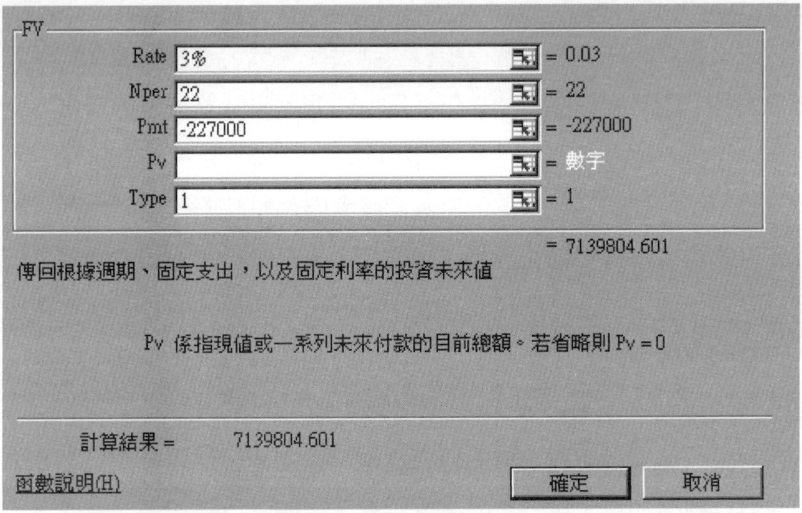

若是以年利率5%試算育兒成本，得到的結果是9,177,717，
約是917萬元。

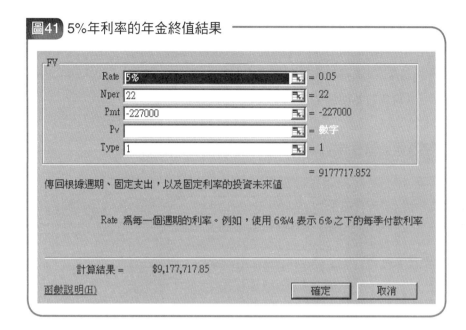

圖41 5%年利率的年金終值結果

用FV（終值）的試算可以知道當父母好不容易將一個小孩拉拔長大到國立大學畢業時的代價。

但我們也可以換個方式想，假定一對夫妻結婚後，還打算生一個小孩，且拉拔到國立大學畢業，需要在結婚時立一筆基金，好逐年支付這項費用，這筆基金需要多少呢？

換個場景說說，結婚是人生大事，結婚的開支也需要一筆錢，根據2011年底中國大陸的一次調查，綜合了買房、買車、婚禮、婚戒、旅遊、服裝等項目以後，一個中等的結婚成本大約在人民幣200萬元左右。

在上海，討個老婆的代價至少是人民幣200萬元，如果換算成新臺幣的話，我相信臺灣很多男人會選擇一輩子打光棍！

　　多少代價可以認一對夫婦可以決定生一個小孩呢?我們可以用分期付款的方式來表達,好比我們和銀行借了一錢,這筆錢剛好可以讓這對夫婦每個月支付育兒費用19,000元(500萬除以264個月取整數)。

圖42　**年利率為3%時每月付款19,000元的年金現值**

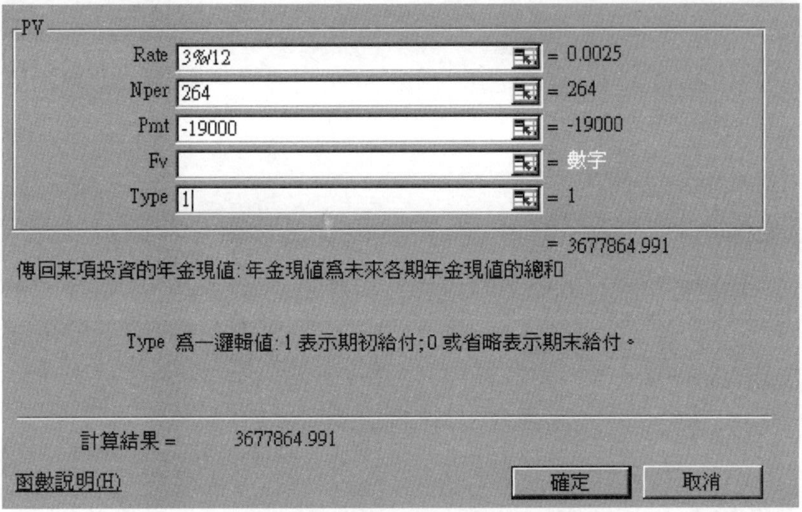

```
PV
        Rate  3%/12                    = 0.0025
        Nper  264                      = 264
        Pmt   -19000                   = -19000
        Fv                             = 數字
        Type  1                        = 1
                                  = 3677864.991
傳回某項投資的年金現值:年金現值為未來各期年金現值的總和

        Type 為一邏輯值:1表示期初給付;0或省略表示期末給付。


    計算結果 =      3677864.991
函數說明(H)                        確定      取消
```

　　以上述的條件,利用Excel的年金現值(PV)的概念可以知道為了應付22年的所有花費,在小孩一出生時就必須準備一筆至少約360萬元,才能支應所有的開銷。

　　在臺灣,一個平常收入的上班族,有多少人能在結婚時就先攢足了360萬元呢?

　　看起來,每生一個小孩,當然就少了一間一般坪數大小的房

子，花費還真是大。

這下子總算知道養兒不易的道理，就是在「花錢」這件事上面。

養兒可以防老？

很多人一定有個疑問，養兒可以防老嗎？

從現在的社會現象來看，養兒不但不會防老，而且是花錢的一種投資遊戲，非但不能回收，還也可能會被坐吃山空。

從機會成本來看，當你「選擇」當爹娘的那一刻起，這筆養兒費用已經發生，從現值來看，等於是買一間公寓的代價，約360萬元，好比是養兒的機會成本，而這筆費用的終值就是714萬元。這代表要是你每年都存上22.7萬元到銀行定存，22年後你可以拿到714萬元的本利和，當作是退休基金。

我們可以清楚知道，假定這714萬元是你的退休基金，你每個月生活費為3萬元，再假定你60歲退休，這筆錢可以養你多久呢？答案是238個月，至少可以用上19.8年之久，到80歲那年剛好用完。要是以夫婦來計算呢，每個月就要6萬元，約莫可以用上119個月，折合約10年，到70歲那年剛好用罄。

以財務觀點來看，養兒的費用是一筆固定費用要花的，這筆費用不是將來可以當成是退休基金，就是養兒育女的費用，而養兒到長大成人，他願不願意撫養你，這還是一項風險與未知數呢！

我在大學教消費者行為學，每年情人節的前夕我都會問一下堂下的女大學生，假使你的情人給你一個選擇，在情人節的當天，你願意收到一束玫瑰花，還是等值的現金呢？

送現金好？還是送禮好？

這種問題百問不厭，大多數的學生都會選擇等值的現金，而不願選擇一束玫瑰花。

這不是說時下的女大學生對於愛情價值觀的扭曲（或者受到我的觀念所影響），而是在人是理性與效用極大的假設之下，情人節送現金和收現金，在一般情形之下，效用是最大的。這道理其實很簡單，玫瑰花會凋謝，但現金可以買自己喜歡的禮物。

還有一個問題在於，男生很清楚知道女生在情人節這一天喜歡收到一束花嗎？（或者是禮物）

怡克納米斯一直主張送禮現金最好，尤其在無法掌握收禮者的偏好前，送紅包（現金）當然是最有效率的作法，然我常常以

為，以他的絕對理性，似乎是忽略掉臺灣社會間傳統的人際「關係」，有時候，送禮只是為了維持、增進人際間的關係（或者是套關係），這時候「物的價值」其實並非「名目價值」，這點，是價值與價格間的差異，所以才會有「禮輕，情義重」的說法。

但怡克納米斯可不見得是這樣想，他認為一物的價值，並不是在收禮者收到的那一瞬間算起，也就是說，必須在收禮後，這份禮到底對收禮者是否產生「效用」。因此，收禮時的效用是名目效用，可能是為了維繫表面上彼此的「關係」，真該被計算的是這份禮對收禮者的「實質效用」才對。

他就舉我書房上那一堆書為例，其中有些是別人送我的書（有些是作者），真的對我「實際上」產生效用嗎？這倒是讓我想起，我也經常送朋友我寫的書，當然，大家收到我的書時一定是很高興（名目效用），但實際上是否對他產生效用，會不會認真看，或者乾脆放在紙箱裡打包掉？其實，真的很難掌握，所以這裡談的是「實質效用」。

送禮的無謂損失

華頓商學院經濟學家Joel Waldfogel在他所著的 "Scroogenomics: Why You Shouldn't Buy Presents for the Holidays"[56]這本書中提到：

---

[56] Joel Waldfogel的Scroogenomics: Why You Shouldn't Buy Presents for the Holidays中譯本為《小氣鬼經濟學：為什麼過節不該送禮物？》，由三采出版。

如果一個人花100元買一個東西，必定是覺得它價值等於100元，甚或覺得它有120元的價值感才會買，這種價值的追求，這個美好的感覺，在經濟上叫做「消費者剩餘[57]」，也是推動人類改善生活最重要的原理。

然而，當你為別人買禮物，因為你不是他，不知他喜歡什麼，所以很難達到物超所值的理想；往往一個100元的東西，送到對方手上，對方感覺只有80元的滿足，這中間的20元差距，就白白浪費掉了，這就是所謂的「無謂損失[58]」！

Joel Waldfogel的研究發現，只要送禮必定會有「無謂損失」，而且這損失平均達到18%，舉世皆然！

無謂損失18%的意思其實是表達收禮者對送禮者所表達的「你根本不懂我的心」，那麼，怎麼解決無謂損失的問題呢？經濟學家給的答案其實很簡單，給現金即可，現金不會有無謂損失的問題！

不景氣的情人節

今年，我照例還是問了一下這個老問題，女學生們的答案依然是現金，只不過願意送禮的男生，受到經濟環境不景氣的影響，預算顯然有點變少了（很多大學生的零用錢，有些來自於父

---

[57] 消費者剩餘(Consumer Surplus)指的是消費者消費一物時，心目中願意支付的價格（即需求線上的一點），與實際支付價格間的差額。

[58] 無謂損失或絕對損失(Deadweight Loss)，是指由於市場未處於最佳運行狀態而引起的社會成本，也就是當偏離競爭均衡時，所損失的消費者剩餘和生產者剩餘的總和。

母親，有些來自於打工收入）。不只大學生阮囊羞澀，一般的上班族更是縮衣節食，想盡辦法要度過這次的景氣寒冬。

　　情人節遇上不景氣，男女之間的愛情還是會受到嚴峻的考驗。

　　不景氣的嚴重程度，我認為可以從麥當勞降價的方案看出來，正因為過去麥當勞通常只有漲價的份，壓根還沒看過何時曾經降價（這裡指的是實質降價，不是使用折價券優惠）。

　　有一次，臺灣的麥當勞開始降價，週一到週五中午提供最低79元的漢堡餐（原價99元），降價的幅度高達20%，這種破壞價格，直逼都會區的便當價格帶。在麥當勞價降後，迫於經濟不景氣與強大的市場競爭雙重壓力下，其他競爭品牌和便利商店的冷藏便當價格，也逐一降價，加入這場不景氣當中的搶錢作戰，搶這種「三餐溫飽」的市場。

　　在麥當勞79元的價格吸引之下，原本選擇其它用餐方案的消費者，紛紛選擇麥當勞，即使大排長龍也心甘情願，這讓我相當好奇，原本一餐百來元的漢堡餐，在都會區即使漲價，照樣還是有人消費。這是因為在都會區用餐，一餐百來元的消費，相較其他的用餐選擇，還是比較方便便宜。

　　但一餐百來元的消費，多少也是一種相對高價的用餐選擇（在臺灣都會區中，也可以享用50元到60元的便當或者是麵食），大部分是白領上班族和學生在消費。但這次一降價，連帶的促使非上班族也加入消費，導致在中午用餐時間裡，都會區的麥當勞是一位難求的。

　　在臺灣，不景氣的當下，失業人口急速攀高，而不管是失業

與否，消費的控制，多少會縮衣節食，降低日常生活的開銷，即使是三餐也是。麥當勞的降價活動看來，只是率先吹皺一池春水而已。

這一波速食業者的降價活動，正因消費緊縮所引起，那麼，消費緊縮，年輕人是先顧荷包與麵包，還是愛情呢？

答案是，麵包。

愛情與麵包，孰重？

在臺灣，有一年的經濟景氣實在不理想，就在情人節前夕，媒體根據民間調查報告指出，有近半的情人會減少情人節的預算，平均只願花上2,200元，有七成的比率只願意把約會預算控制在2,000元以內。同樣的，即使不約會，情人節的代表物玫瑰花，情人們會捨得花這筆錢嗎？受到不景氣影響，花大筆錢買超大型花束的人變少了，多數只買七枝玫瑰的袖珍花束，這樣看來，愛情似乎貶值了嗎？

玫瑰代表愛情，在不景氣的低壓籠罩之下，愛情的熱度總是會稍稍冷卻的，但最怕的是冷卻過了頭，不婚了，甚至減少愛情的活動。

波仕特線上市調網[59]在2012年3月6日一份「愛情與麵包，你會選擇哪一個？」的調查指出三個重點：

(1) 對於愛情和麵包的看法，有高達71%的選擇麵包，
　　29%的選擇了愛情。

---

[59] 波仕特線上市調網，http://www.pollster.com.tw/。

(2) 以婚姻狀況做為調查，未婚者多數會選擇偏向愛
　　情，已婚者會選擇務實面的麵包。

(3) 以年齡做調查，19歲以下的學生族群，普遍選擇愛
　　情為重，20至49歲的上班族群與中高齡族群在乎現
　　實的麵包需求。

　　不景氣的當下，愛情與麵包孰為重要？看起來還是麵包重
要，愛情可以慢慢談，但觀乎肚皮的民生溫飽問題，絕對是首要
解決的。既然談戀愛可以慢慢來，結婚這檔人生大事，似乎也受
到波及。

沒有麵包的愛情

　　統計調查指出，在臺灣在有交往對象的上班族中，高達八成
的人在一年之內並不打算結婚，而不婚主要原因竟然是以不景氣
和沒錢結婚的理由居多。在不婚族的男女比例上，女性族群的比
例高於男性，顯示女性在經濟獨立自主之後，對於感情的自主，
有逐年上升的趨勢。顯見臺灣的女性，在經濟條件上，不盡然必
須依靠男性，而且可以獨立自主，談愛情可以，不見得一定要走
上婚姻這條路。

　　在不景氣之下，愛情這種經濟活動可能過於高尚，屬於精神
層次，而麵包卻是溫飽的必需品，情人們就將就點了吧！

沈佳宜的愛情選擇

愛情是什麼？

莎士比亞(W. William Shakespeare)在《皆大歡喜》(As You Like It)提到「愛情不過是一種瘋狂。」(Love is merely a madness.)

但愛情，又像是「如人飲水，冷暖自知」，所以，莎士比亞也在《皆大歡喜》還提到「唉！從別人的眼中看到幸福，自己真有說不出的酸楚！」(O, how bitter a thing it is to look into happiness through another man's eyes!)

然而，愛情也是盲目的。在《威尼斯商人》(A Merchant of Venice)中提到「愛情是盲目的，戀人們看不到自己做的傻事。」(Love is blind and lovers cannot see the pretty follies that themselves commit.)

莎翁筆下的愛情，其實是多種樣貌的，但在很多世界名人錄中所談到的愛情，很多談的是愛情的獨佔與效用，舉例來說，羅曼·羅蘭(Romain Rolland)提到：

　　初期的愛情只需極少的養分，只消能彼此見到，走過的時候輕輕碰一下，心中就會湧出一股幻想的力量，創造出她的愛情，一點窮極無聊小事都能使她銷魂盪魄。

　　將來她因為逐漸得到了滿足，逐漸變得苛求之後，終於把慾望的對象完全佔有之後，可就沒有這個境界了。

　　所以，根據羅曼‧羅蘭這句話，難不成愛情也是服膺邊際效用遞減原則？

問世間情是何物？

　　至於，愛情是什麼？我真的說不上來，畢竟我不是個戀愛專家，我也不想濫竽充數當個偽愛情專家，但我僅僅知道的一件事，即是當我用經濟學解釋愛情時，愛情美麗的FU（Feel，感覺或感受）大抵上就會灰飛煙滅──說得有點言過其實了。

　　話說，出版社主編提了個難題，要我解釋一下九把刀執導的《那些年，我們一起追的女孩》，男主角柯景騰和女主角沈家宜的愛情關鍵對話，經濟學要如何解釋呢？

　　首先，這是個難題，正因為我對愛情喜劇一點興趣都沒有，我只喜歡節奏快的動作片；第二，男女主角的對話這麼多，到底哪幾句台詞才具有經濟學的FU呢？但這是第一次，我看電影竟然還得手抄筆記，幸好不是在電影院裡，而是付費下載電影，還能夠暫停、倒轉，直到把關鍵對話搞清楚為主，我相信，沒有幾個人看電影同我這般認真的，但話說回來，看電影就是一種生活娛樂，又何必這麼認真呢？（為了寫書例外）

還是先從「愛情」的解釋說起。

我相信很多人一定聽過這句「問世間情是何物，直教人生死相許」，愛情看起來好像很恐怖，一不小心就得用生命來賭注？

黑格爾(Georg Wilhelm Friedrich Hegel)說過：「愛的最高原則，是把自己奉獻給對方，在奉獻或犧牲裡感覺到自己，在對方的意識裡獲得對自己的認識。」

同樣的，羅曼‧羅蘭也說過：「真正愛的人，沒有什麼愛得多或愛得少的，他是把自己整個都給他所愛的人。」

看來，愛情是一種奉獻和犧牲？

李碧華的〈浮水印〉是一首當年相當好聽的民歌，歌詞中有句口白：

> 問世間情是何物？直叫人生死相許。
> 恰似輕風拂過，十里楊柳，白雲悠悠，何處掛愁。
> 就叫它輕輕走過，別讓我浮上心頭。

重點來了，「問世間情是何物？直叫人生死相許」這句話設問的是愛情到底是何物，才能叫人生死相許，歌詞裡頭沒有答案。但我們可以從這句話當成起頭。

這句「問世間情是何物？直叫人生死相許」到底是誰說的？

在金庸的《神鵰俠侶》有個角色叫女魔頭叫李莫愁，在她死前的一個場景中：

> 李莫愁撞了個空，一個筋斗，骨碌碌的便從山坡上滾下，直跌入烈火之中。眾人齊聲驚叫，從山坡上望下去，只

見她霎時間衣衫著火，紅焰火舌，飛舞身周，但她站直了身子，竟是動也不動。眾人無不駭然。

小龍女想起師門之情，叫道：「師姐，快出來！」李莫愁挺立在熊熊烈火之中，竟是絕不理會。瞬息之間，火焰已將她全身裹住。突然火中傳出一陣淒厲的歌聲：「問世間，情是何物，直教以身相許？天南地北……」唱到這裏，聲若游絲，悄然而絕。

既然，「情為何物？」這件事千古以來都是世紀大問號，但難不成非得搞到「生死相許」這般田地嗎？

「問世間情是何物？直叫人生死相許。」其實是出自於金朝元好問《摸魚兒－雁丘詞》：

> 問世間、情為何物，直教生死相許？
> 天南地北雙飛客，老翅幾回寒暑。
> 歡樂趣，離別苦，就中更有癡兒女。
> 君應有語：
> 渺萬里層雲，千山暮雪，只影向誰去？
> 橫汾路，寂寞當年簫鼓，荒煙依舊平楚。
> 招魂楚些何嗟及，山鬼暗啼風雨。
> 天也妒，未信與，鶯兒燕子俱黃土。
> 千秋萬古，為留待騷人，狂歌痛飲，來訪雁丘處。

上文中的「雙飛客」指的是一對飛雁，但問題是原文作者也沒有回答到「情為何物」這個問題。作者運用比喻對大雁殉情而

死的故事，譜寫了一曲淒婉纏綿，感人至深的愛情悲歌

　　此外，大家熟悉的《梁山伯與祝英台》也有著與大雁相似的故事：

　　　　話說梁山伯知道祝英台為女兒身之後，就前往祝家提親，沒想到祝英台的父親早已答應要把祝英台嫁給馬太守的兒子馬文才。梁山伯非常難過，回家之後，因傷心過度而生了一場大病後去世了。

　　　　祝英台堅持成親當天，必須先祭拜梁山伯。成親當天，祝英台在梁山伯的墓前痛哭祭拜，此刻，梁山伯的墓就這樣裂開了，祝英台走進墓裡後，墓又合攏起來。

　　　　就在這個時候，墓中飛出來兩隻漂亮的蝴蝶，在天空自在地飛舞，在場的人看呆了，都認為這兩隻蝴蝶是梁山伯與祝英台變的，因此留下了這一段美麗的愛情故事。

　　梁祝的故事，到底是悲劇？還是喜劇？祝英台悟著了原來真摯的愛情，即是要能夠「生死相許」，祝英台做到了，但活著的人遠不會知道如何是「生死相許」？

《那些年，我們一起追的女孩》

　　依我的見解，「問世間情是何物」這件事，應該沒有答案，也最好不要有答案，這樣千百年來才有無數的男女去追求愛情，去承諾愛情，也許是喜劇收場，但也有悲劇的結局，但無論如何，愛情這件事，不像數學這般好解，倒是有點像哲學了。

　　就像繪畫一樣，太過工筆的，有時候覺得匠氣太深，總是

要有點模糊，留白一點比較有意境，然愛情也是如此，要有點模糊比較好，留點空間比較適當。但經濟學的原理在面對決策的時候，鐵是要求要資訊通透，要資訊對稱，這樣才能掌握變數，降低決策成本。

圖片來源：聯合知識庫

但愛情怎麼決策？如果說愛情是一種消費的話。如果我問你，你在當下決定愛一個人的時候，你的決策過程是如何進行的？

先愛了再說，還是機關算盡呢？

回到《那些年，我們一起追的女孩》這部電影的場景上，女主角沈佳宜似乎是「瞬間的」喜歡上柯景騰，而男主角柯景騰似乎是「慢慢的」喜歡上沈佳宜。

就決策來說，沈佳宜喜歡上柯景騰，是因為他的幼稚嗎？感覺上是，但具體上好像又不是，因為片中男生都喜歡上沈佳宜，她的最佳選擇又是誰呢？（最後的結局是選上別人）

是老曹？喜歡打籃球，又喜歡耍帥，考上成功大學。但結局是想趁沈佳宜與柯景騰吵架之後騎車上臺北找沈佳宜，卻又目睹阿和與沈佳宜交往，失意之下乾脆騎車環台一趟，因恍神到了嘉義而決定環台第二趟。

是阿和？感覺有點早熟，喜歡用超齡的想法引起沈佳宜的注

意，又考上清華大學經濟學系。得知沈佳宜與柯景騰吵架之後，趁隙追求到沈佳宜，但沈佳宜又認為阿和不夠愛她，還是分手了。

　　三個男生各出奇招要追求女主角，本來就是青春期男生能夠使出的唯一招式，所以男主角柯景騰才會感慨：

　　「每一個男生都想在自己心上人面前，展現自己最強的一面。這個方式，並不管用。」

　　如何追女生才管用，經濟學並不管這個，但男生與女生之間的戀愛遊戲，似乎就是資訊不對稱，女生想什麼，男生會認為女生的心思難懂，太像「海底針」；女生看男生，難道男生都不會成熟一點嗎？都是這般幼稚！這就帶出柯景騰在戲裡的名言：

　　「成長，最殘酷的部分就是，女孩子永遠比同年齡的男孩子成熟。女孩的成熟，沒有一個男孩招架得住。」

　　女生的成熟，不只男生會招架不住，但女生也不見得喜歡成熟的男生，不然，阿和就不會敗下陣來，正因為這個階段女主角要的愛情，其實並不是「成熟」，只是「感覺」罷了！

　　這種感覺有時會回憶起來，時空頓時會停滯在那時候一絲絲的幸福感，雖然事後男女雙方有可能沒有「修成正果」，才會有柯景騰對沈佳宜的這段話：

　　「謝謝你喜歡我。我也很喜歡，當年那個喜歡你的我。」

　　我主修經濟學，在理性上，我主張要資訊對稱，但在愛情

上，我可以通融地主張在男女愛情中，最好保有一點的資訊不對稱，最好有點曖昧，有點模糊。

還記得男女主角在平溪放天燈的一段對話嗎？這時候，即使沈佳宜想表明了，但柯景騰似乎還想保有一點點的曖昧……對男生來講，照理應該是追求愛情的勝利，總算追到女生，但當下的男生，卻選擇保有一點的曖昧。

沈佳宜：「你想知道答案嗎？我現在就可以告訴你！」

柯景騰：「拜託不要現在告訴我，請讓我……繼續喜歡妳。」

女主角的答案，不外乎就是YES和NO，各是二分之一的機會，但也許男主角怯於知道負面的答案，而繼續選擇曖昧下去，而事實上女主角已經在天燈上寫下他的答案——喜歡！

其實，愛情的追求，如果是一種賽局(Game)，有時根本解不出均衡。沈佳宜和柯景騰的曖昧選擇，怡克納米斯就認為從賽局中可以解釋出來，問題是，每個戀愛中的男女，無法像納許(John Nash)一樣，靠著賽局去追求女友，也就是說在愛情中，不盡然每個人都可以這麼理性——邊談愛情，邊解賽局。

表16 曖昧難解的賽局

		男生		男生	
		曖昧		坦白	
女生	曖昧	0.5	0.5	0.5	1
	坦白	1	0.5	1	1

　　怡克納米斯舉上表的賽局為例，對男生而言，在女生選擇「曖昧」的時候，對男生而言，選擇「曖昧」與「坦白」的效果都是0.5，在女生選擇「坦白」的時候，選擇「曖昧」與「坦白」的效果都是1。

　　如果換成女生的選擇，在這樣的前提下和男生的結果都是一樣的，但總效果而言，其實是雙方都坦白最好，總效果是2，當雙方都選擇曖昧的時候，總效果卻只有1。這樣的問題來自於雙方選擇坦白的效果太低，如果改成這樣：

表17　有解的愛情賽局

		男生	
		曖昧	坦白
女生	曖昧	0.5　　0.5	0.7　　1
	坦白	1　　0.7	1　　1

　　當雙方都認為不管對方的選擇如何，對己方最有利的選擇就是「坦白」，均衡解就是雙方都坦白，總效果是2。

　　怡克納米斯解完賽局後說道：「愛情大部分時候，是相當模糊的！」

　　承怡克納米斯上面那句名言，我會認為，難不成資訊對稱的方法，在愛情中起不了作用，或者是，男女都隔層面紗，彼此都不願意揭露訊息？在曖昧中享用愛情，同時又測度愛情，猜測愛情嗎？

愛情的曖昧之處在於喜歡又怕受傷害，隔層面紗反而比較好，這可以在劇中沈佳宜這句關鍵台詞找到一個說法：

「常常聽人家說啊，戀愛最美好的時候就是曖昧的時候。」

資訊不對稱有時候卻是愛情最甜蜜的時候，恐怕連經濟學家也難解了。

另外來說，劇中沈佳宜所表達的，是對愛情的效果有不同的階段性選擇。對此，我常說戀愛的過程中，追求的是「邊際效用」，一單位，一單位慢慢的來（太急有時候會有反效果），但對婚姻而言，追求的「總效用」，這種不同點，有時候會讓男生覺得不容易捉摸，但在婚後卻覺得：「好吧，我們現在追求的是婚姻的總效果，不再有火花了！」

愛情的火花，其實就是高邊際效用，在愛情的追求過程中，邊際效果所扮演的，有可能是女生選擇男生的一項關鍵指標，正因為如此，沈佳宜面對柯景騰、老曹和阿和三個人而言，單就柯景騰的差異性才能擦出愛情的火花，即使在沈佳宜的婚禮中，他也認為：

「我要讓沈佳宜記得，每個人都親過她，只有我沒有，我要做她心中最特別的人。」

對男生而言，邊際效用有時候只會在事後才會體認到，但對女生而言卻是過程中所必要享受到的經驗，這又可以從沈佳宜的一段話中表達無疑：

　　　「被你喜歡過，就感覺別人沒那麼喜歡了！」

　　　「真正在一起，很多感覺都會消失不見。」

　　對沈佳宜而言，愛情的過程中最強烈的邊際效果其實是柯景騰，但竟然也覺得當雙方選擇在一起時「很多感覺都會消失不見」。

　　因此，對沈佳宜而言，愛情的「邊際效用」的句點留給了柯景騰，而她最後選擇的開端，是追求另一階段穩定的婚姻「總效用」。

　　沈佳宜最終沒有選擇柯景騰，套句莎翁名言：

　　當愛情被浪潮推翻了以後，我們應該當好友地分手，說一聲「再見」！

　　「愛情嘛，好聚好散，千萬不要無所選擇！」這是怡克納米斯常掛在他嘴巴上的名言！

愛情沒感覺，到底是什麼問題

　　沈佳宜最後到底對柯景騰是不是「沒感覺了」呢？這可要問女主角才會得知，或者，就會變成我主觀以為沈佳宜真的沒感覺了，才和柯景騰分手了。

　　愛情的感覺，對經濟學而言，其實就是「邊際效用」。

　　臺北醫學大學公衛所副教授呂淑妤根據她過去「愛情EQ學」教學經驗，再參考大學生意見，經實證研究與統計分析，設計出愛情EQ量表。經她的研究發現，大學生談分手，最主要原

因竟然是「沒感覺了」。

在她的研究中提到，大學生情侶分手的原因，「沒感覺了」和「個性不合」占近八成，而「對方劈腿」和「另結新歡」才占一成。顯示愛情告吹的原因其實是兩人相處間的問題，被甩，不見得是因為「小王」或「小三」從中作梗，而是兩人相處的問題。

愛情失去感覺的原因很多，這就不是經濟學所要探究的原因了，以經濟學的立場而言，僅能提示男女雙方經營愛情時，要注意的是愛情的感覺——邊際效用。

Part 4 休閒經濟學

抽觀光稅好嗎？

什麼是觀光稅(Sightseeing Tax, Tourism Tax)，單就字義的解釋就是針對觀光客收取的稅費(Tourism Tax)，至於另外一個字是Sightseeing Tax，這個字的組成就非常有意思了，拆開來看就是針對是視線(Sight)所看到之處(Seeing)抽稅(Tax)。

觀光資源有可能是自然資源，如山川美景，也有可能是人造資源，如公園、百貨及遊樂區等，從經濟理論來看，觀光資源有可能是共有財[60](Public Goods)，具有「非敵對性」（或稱「非獨享性」、「共享性」、「非競爭性」），以及「非排他性」這兩項特點；也有可能是私有財(Private Goods)。

當觀光資源是一種共有財，使用共有財，一定要「使用者付費」嗎？針對這個問題，必須由怡克納米斯提出一個說法。

他認為：「對共有財的使用付費這件事來論，並非所有的

---

[60] 共有財(Publoc Goods)乃是相對於私有財(Private Goods)而言，私有財乃指可以被獨享(rival)和排他(exclusive)的財貨，相對於私有財極是共有財，指可以共享(nonrival)且無法排他(nonexclusive)的財貨。

共有財都不能收費（既是共有，何來收費），基本上會依據邊際使用成本來收費。也就是說共有財的收費必須是使用該共有財的邊際成本，方符合使用者付費的概念，以收費來支付維護該共有財的成本。因此，當觀光稅這件事若要開徵，照理是針對觀光資源的共有財進行收費，對私有財收費並不合理，因大部分使用私有財時，觀光客已經直接付費了（如門票），或間接付費（如消費紀念品）。」

圖片來源：聯合知識庫

　　其實，以他的說法，觀光稅這件事，可以是：

　　甲地有觀光資源，乙地的觀光客可以到甲地觀光，甲地政府可以選擇要不要對乙地的觀光客收取觀光稅。

　　甲地的政府可以這樣想，我們辛辛苦苦的維護觀光資源，照理，觀光客使用到這些資源時根本沒有付費，享有外部經濟的溢出效果，因此要針對這種溢出效果內部化，收取觀光稅，如果因此造成外部成本，更應該付費來維持整體觀光資源。

　　甲地政府也可以這樣想，觀光資源是他們特有的資源，這種獨特性可以吸引乙地的觀光客來觀光消費，因此可以促

進當地的就業與消費，更可以豐富稅收，而由稅收中的一部分來維護觀光資源。

因此，同樣針對觀光稅而言，稅與不稅皆可，並無定論。套句怡克納米斯的話，稅與不稅之間可以有價格機能，賣方（觀光資源擁有者）其實可以自由去調節的（也就是說第三方不必介入）。

要不要收費，可以由市場決定

舉臺灣常見的狀況，各地都有很多休息站，休息站皆設有廁所（現在很多的便利超商也設有廁所），既然提供便利的服務，然也未見對使用者「伸手要錢」。這可以解釋說，休息站與便利商店藉由提供這種服務當為誘因（其實就是手段），來吸引客源消費，只要邊際收入可以支持提供這項服務的邊際成本即可。

另一種例子是臺灣最近興起很多景觀餐廳或觀光農場，需要購票入場，但票價通常不高，通常是一百元（定義為清潔維護費），但門票費用可以抵入場的任何消費，消費者多視門票為固定成本，大致上都會入場後消費抵用，而訂價設計上其實已經隱含了門票成本（即被抵用後損失的門票收入）。

怡克納米斯補充說道：「不管收費方式如何，在價格機能下，供應方自行會設計出對自己最有利的經營方式，而買單與否的決策，當然操之在消費者上，最後會訂出一個兩全其美的方案。」

易言之，消費者不是用腳投票，就是用錢投票，這就是價格

機能！

阿塱壹古道要不要收費？

但前述的討論，皆在於觀光成本皆未超過光觀光資源的負載力，收費與否可以由市場決定。因此，在考慮一定的觀光資源負載之下，透過收取觀光稅一方面負擔維護成本，一方面用來以價制量，應該是可以被接受的。

舉知名的阿塱壹古道而言，此古道橫跨「雙東」（屏東縣與台東縣），屏東縣因列入保留區，縣府規定遊客進入須先申請，且要繳三千元解說費，台東縣則無任何限制，因此兩縣的地方政府為此「槓上」。

持平來論，屏東縣政府將古道周邊畫為永久保留區禁止開發，為保留完整生態，每天進出最多三百人，須事先提出申請，且為活絡地方經濟，入山須付費自聘在地原住民的解說員，站在環境負載力的觀點下，我會支持「收費」來以價制量（更合理一點來論，應該多付費一點來維護古道）。

觀光稅中央贊成，地方反對？

回到觀光稅的討論上。

財政部長張盛和在2012年8月7日往花蓮主持「財政健全小組東區座談會」時，與會學者建議地方政府可考慮朝觀光相關服務研議徵收稅費，以回饋地方，經媒體披露之後東部三縣紛紛反對。

先撇開技術性問題不談，就觀光稅所影響的利害關係者：地

方政府、觀光客和地方業者來論，或多或少都有影響。對地方政府來說，多了一筆稅收（總稅收不見得會增加，留待後面再討論）；對觀光客而言，多了一筆成本，會不會影響旅遊意願，也無法定論；對地方業者而論，會不會影響業績，得看觀光客是否退縮才知道。

但話說回來，讓地方政府增加邊際稅收（指觀光部分），並不須要對觀光客「拔毛」才辦得到，也許還會出現反效果，毛沒拔到，觀光客卻跑了，落到最後「賠了夫人又折兵」。

所以，地方政府和業者之所以反對觀光稅的立足點，就在於萬一「賠了夫人又折兵」，財政部這項建議，豈不是「多此一舉」，還「畫虎不成反類犬」。然財政部的說法是：「學者建議地方政府思考，觀光產業發展對當地帶來的污染或擁擠等衝擊，參考其他國家作法，朝觀光相關服務研議徵收稅費，以對地方有所回饋。」

若從與會學者的論點來說，觀光稅的提出，其實是因為觀光客所導致的「外部成本」，也就是透過觀光稅將「外部成本內部化」，這樣一來政府多了一筆稅收。

為什麼要抽觀光稅？

這則「觀光稅」的事件，其實怡克納米斯也認為財政部和學者片面的說法不妥，正因為有太多案例指出，政府和學者片面的政策下結果，通常會與預期不符。其實，很多決策可以用預期心理來解釋，也可以用情境法加以模擬，可以被預知的結果，結果為何偏偏失去準頭呢？

　　怡克納米斯批評說：「這種思維方式過於單純，用稅收的方式抑制外部性，在生產行為上可能有效，對消費行為是否有效，很難有一致性的定論。」

　　「從生產行為來看，政府對廠商抽稅（指產生的外部成本），假定一單位的外部性抽一塊錢，若廠商改變生產行為的邊際成本小於一塊錢的話，廠商有誘因改善；反過來說，若改善後的邊際成本高於一塊錢，廠商就寧願繳稅。從這裡可以知道，對外部性抽稅，稅率的決定會影響廠商改善的誘因。」怡克納米斯提出他的見解。

　　就怡克納米斯的說法，我可以歸納出對觀光客徵稅，美其言是稅制，其實就是人頭稅，一種定額稅（改為從價稅有技術難度），說難聽一點就是「賣門票」罷了，至於觀光客會不買單呢？應該有些觀光客認為旅遊成本提高了，因此拒絕「入境」觀光。也就是說，觀光客的價格彈性若很高（即需求線較為平坦），會減少觀光的需求更多，除非價格彈性為零，也就是說到這些縣市觀光，無論成本增多少，對他們的消費量毫無影響。

　　因此，對觀光客抽稅，無論如何一定會趕跑某個數量的觀光客，對地方政府來說，少了某個程度的觀光收入（因消費而得），只要抽到觀光稅的量高於損失的消費稅，對地方政府而言，稅收是提高的。

　　但無論對地方政府的稅收是否提高，對業者而言，就是損失客源，當然對營收有負面的影響，業者當然會抗議。所以，當財政部和與會學者提出觀光稅的建議時，三個縣市的業者同時反對，即是因為這層道理。

很多國家對入境的外國遊客實施觀光稅，不管是透過消費，抑或透過人頭稅的方式抽取，總之就是抽稅。

舉韓國為例，韓國文化觀光部宣佈，自2004年7月1日起，對從韓國離境的外國人徵收離境稅（出國納付金）1萬韓元，且為避免徵稅對出境手續的辦理造成延誤，稅款將附加在機票、車票和船票的票價內徵收。由於該稅主要是對來韓旅遊的外國人徵收，所以該稅也被稱為觀光稅、旅遊振興稅，此舉對於中國大陸的遊客而言，據說影響其旅遊意願甚多。

觀光的外部成本

擴大思維一下，在何種前提之下，觀光稅對地方政府和業者有利呢？

回到當天研討會的主題：觀光所造成的外部成本。

當外部成本大到一定程度時（即超過觀光資源的負載力），對地方政府、業者和觀光客三者都無法接受，也就是旅遊品質大幅下降，透過觀光稅的方式來以價制量，讓市場恢復秩序時，對三者都是有利的。當旅遊品質一提高，觀光客願意以較高價格來消費時，對業者的營收當然還是有利。

以價制量能夠實施的前提就是旅遊市場飽和，邊際上多了一名遊客的邊際成本遠高於地方政府的邊際稅收，以及業者的邊際利潤，透過實施觀光稅「趕走」一些只願支付低價消費的觀光客，讓市場恢復常態才有實際效益。

但問題也在於此，多少數量的觀光客對地方政府而言才是飽和？也就是說，一地的觀光資源承載力到底是多少？要立論出來

恐怕不易。另必須思考的是地方政府是否願意定義這個承載力，而面對觀光需求時，還能夠說「不」，而非放任「供給」的成長。

根據過去的經驗，地方政府有可能會放任觀光供給的成長，也就是說業者可能會擴建飯店、旅館或其他遊憩設施，當地方政府放任的結果，且遇到假性需求成長時，有可能就會誤判情勢，到最後演變成供過於求，造成業者爭相殺價的浮濫結果。一地的旅遊品質大幅下降，遊客大幅減少，觀光營收與稅收就會出現大幅下降的負面結果。

總結來說，觀光資源到底是「稀有財」還是「普遍財」，我認為地方政府的思維並不是那麼地精確，要一個地方政府將觀光政策定義為稀有財，恐怕也會招致反對，也就是說必須在觀光負載力的限制之下，這兩者之間取一個平衡。

我記得屏東的牡丹鄉有一個號稱全臺灣最貴的Villa（度假別墅），就蓋在臺灣唯一沒有省道能夠到達的地方，按理，應該沒有多少消費者願意大老遠去住一晚。但趣味性也在於此，正因為「物以稀為貴」，業者反而不缺生意，要去那裡住一晚，除了所費不貲之外，還得提早好些時日才能預約到房間呢。

但回歸主題，觀光資源到底要視為「稀有財」還是「普遍財」，在政府的觀點上，到底還是沒有定論，在沒有定論之前拋出的議題當風向球，似乎都太淺薄了一點。

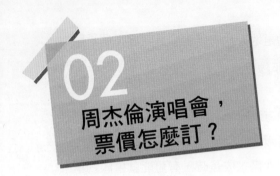

02
周杰倫演唱會，票價怎麼訂？

印象中，我從來沒參加過任何一場演唱會（事實上也沒參加過），也就是說，我壓根不是流行文化的追求者，我雖然對周杰倫的演唱會沒興趣，但我可是對演唱會的票價有興趣，也對排隊購票這件事有興趣。如果積極一點的話，我可以讓周杰倫開演唱會的門票收入極大化，條件是他買下我寫的書，送給參加演唱會的所有粉絲（我是不反對他把書價灌在門票收入裡面）。

但經紀公司應該也是聰明的，收入極大的條件與方法，可不見得是經濟人特有的know-how，很簡單一件事：差別訂價即可，所以，要周杰倫買我的書送給粉絲，算是我癡人說夢話好了。

演唱會的票價怎麼訂？

什麼是差別訂價（價格歧視）呢？以演唱會的訂價來說，就是針對不同的粉絲訂出不同的門票價格。至於，怎麼區別粉絲，又怎麼取價呢？很簡單，按「迷」周杰倫的程度即可。

易言之，「迷」的程度，就是歌迷的需求程度不同罷了！

一般的訂價策略都是差別訂價，在演唱會中，愈接近舞台的門票訂價愈高即可，愈接近舞台代表愈接近周杰倫，這群粉絲一定「迷」的很「熱」，按需求彈性而言當然愈低且需求程度高，收愈高的票價對這群人來說感覺不怎麼敏感，然後依距離調降門票即可。這

圖片來源：聯合知識庫

樣一來，周杰倫即可以依演唱會聽眾的分布狀況，得知不同的瘋狂程度，選擇性的對這些人「示好」，興許，還會激出更多火花。這個案例，其實我在《巷子口經濟學》這本書中就提過了。

2010年4月，某一場的演唱會的資訊，臺北小巨蛋周杰倫的演唱會，票價分別是5,500元、4,500元、4,000元、3,500元、3,000元、2,500元、1,800元、1,300元、800元等9種票價，最便宜的和最貴的差距為6.875倍，票價很貴嗎？真的貴！用平均薪資來算比較有說服力。

2010年4月底工業及服務業受僱員工人數為657萬9千人，當月平均薪資為40,277元，以整數四萬來算平均日薪（三十天計）為1,333元，剛好可以用一天的薪資代價買到倒數第二等的門票，但剩下的錢還不夠買一杯平價咖啡。

你想想看，你的月薪有超過四萬元嗎？我認為應該不多，以社會新鮮人的起薪來計算，學歷愈高，平均薪資愈高，高中畢業

為20,839元，專科畢業為23,832元，大學畢業為27,722元，碩士以上學歷高達39,181元。看到沒，即使到碩士畢業，他也才剛剛好用一天的日薪換一張倒數第二等的門票，至於其他的人，很抱歉，只有機會買到最低一等的門票（以平均日薪而言，只有大學以上薪水待遇才買得起門票）。

800元一張門票，可以坐在哪裡呢（如圖43）？恐怕要帶望

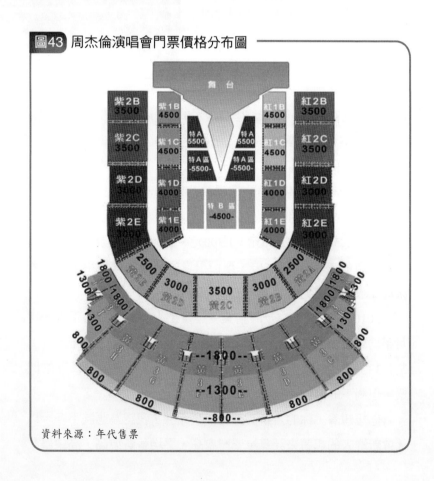

圖43 周杰倫演唱會門票價格分布圖

資料來源：年代售票

遠鏡才看得到心中的偶像——離舞台「最遠」的看臺。看看吧，即使是巨星，有了臺幣計價之後，他還是有「遠近親疏」之分的啦。

我上次到世貿的簽書會，我沒有遠近親疏之分，還免費進場，雖然讀者只有四、五十人而已（場地不大），看來，我還是沒有當巨星的機會，本身也不是那塊料。

演唱先看較吃虧？

《商業周刊》1180期的經濟達人「演唱會先看較吃虧嗎？」作者認為周杰倫演唱會內容愈來愈豐富顯然是針對不同觀眾的需求彈性來設計的，但有讀者不認同。演唱會的門票是同時開賣的，怎會有需求彈性高低的問題？有了蔡依林加演，算是對那場粉絲一種加碼（特殊優惠）嗎？

我把週刊的那篇文章拿給怡克納米斯瞧瞧，他也認為該位讀者的踢館是有道理的，但雙方並沒對需求彈性著墨太多。

怡克納米斯的分析指出，這三場（含加演一場）的票價都是固定的，並沒有愈來愈便宜，因此，週刊文章作者用需求彈性不同來解釋，恐怕也是犯了推論的錯誤，更何況，每場加演的內容也很難計價，積極一點，如何對周杰倫的每節表演來分別計價呢？

門票，本來就是一種包裹訂價（或綁售訂價），就像你買CD一樣，你買的是一張CD，不是單首，即使只喜歡一首歌，你還是得整張買下來，因此，唱片公司要對消費者的真實價格需求設計出千千萬萬種價格，這顯然是「不可能的任務」！

　　因此，怡克納米斯認為作者說蔡依林的出現，以及其他臨時演出的內容，對粉絲來講是「賺到了」，但這是一種主觀的以為，就像莊子和惠施的「濠梁之辯」，作者不是在場的每一粉絲，怎會以為每一節演出帶來的效用都很高呢？

門票貴，照樣有人買

　　回到門票的設計上，我不曉得迷周杰倫的粉絲收入分布如何，然可以簡單來來計算一下。假定，你欣賞一場周杰倫的演出效用等於你的一天工資，且彼此無差異的話，那麼，從票價可以推出粉絲們的收入分布：

5,500元：165,000元

4,500元：135,000元

4,000元：120,000元

3,500元：105,000元

3,000元：90,000元

2,500元：75,000元

1,800元：54,000元

1,300元：39,000元

800元：24,000元

　　如何？看得出來你能夠負擔到哪一個等級的門票嗎？看來，想成為周杰倫的粉絲看一場演唱會，先努力成為高薪一族再說，不然，你就是寅吃卯糧，透支來買票入場！

　　不過，話說回來，自由經濟市場嘛，供需自成市場，票價這

麼高都有人願意買票進場了，顯見周董人氣真很旺，旺到粉絲們忘了票價真的很貴，至於票價該訂多少，就交由市場決定，幹嘛我多嘴一番啊？

至於寫的書，要是訂價訂得太高（其實也無法訂得太高），恐怕一上市就會乏人問津了。

韓國歌星演唱會的票價

幾年前我去過韓國一次，想起來當年的物價，直接感受相對於臺灣而言是比較「貴」，但有朋友說韓國團很便宜啊？但這樣的比較不能說韓國的物價便宜，旅遊團比較便宜，是另外一種原因，和生活成本及匯率並沒有全然的相關性（有可能是補貼）。

對於演唱會，因為我並非流行文化的擁護者，基本上，對我來說看一場演唱會，不如錢省下來，帶全家老小去吃頓飯。正因為每個人的價值選擇不同啊，有人愛看周杰倫，也許周杰倫也不愛看我寫的書，誰也不欠誰。

有一回，韓國媒體報導JYJ在首爾舉行「JYJ Worldwide Concert in Seoul」演唱會，而離舞臺最近的VIP席的價格達到了19.8萬韓幣（約新臺幣5,427元），最便宜的座位也要5.5萬韓幣（約新臺幣1,508元），遠遠高於一般歌手的演唱會門票價格，這樣的價格讓有經濟能力的粉絲也難以承受。

JYJ的演唱會門票在韓國來說算貴嗎？我倒不覺得喔，周杰倫演唱會最貴的票價是5,500元，最便宜的是800元，和JYJ的票價比起來，VIP票價兩個人都差不多，最便宜的價格倒是差了近一倍。

　　韓國物價的確比臺灣貴，我那一本《巷子口經濟學》在韓國賣13,800元，合新臺幣約378元（臺灣賣250元），比較起來貴了151%，如果這是物價的不同，以周杰倫的眼光看JYJ的演唱會票價，換算起來只值3,954元，VIP真的很廉價，倒是最便宜的票價貴了許多，約是1000元。

　　臺北與首爾的實際物價比率大概是多少呢？NUMBEO的網站算出來約是132.74%（瑞士銀行算出來的比值約115%），也就是說首爾的物價約比臺北貴上32.74%，按此，JYJ的票價以臺灣的物價換算約是4,088元(VIP)和1,136元（一般票價）：

Indexes Difference

(1) Consumer Prices in Seoul are 32.74% higher than in Taipei.

(2) Consumer Prices Including Rent in Seoul are 33.88% higher than in Taipei.

(3) Rent Prices in Seoul are 36.17% higher than in Taipei.

(4) Restaurant Prices in Seoul are 54.41% higher than in Taipei.

(5) Groceries Prices in Seoul are 34.56% higher than in Taipei.

(6) Local Purchasing Power in Seoul is 27.80% higher than in Taipe.

　　比起來，在韓國高檔的票價倒是比較便宜，低檔的票價就貴了許多，難怪韓國的粉絲說JYJ把粉絲當提款機了。我倒有個主

意，周杰倫的VIP粉絲可以請他去韓國辦演唱會，如果還是JYJ的VIP粉絲的話，要是能夠一次聽兩場演唱會，就賺到了（假定周杰倫用JYJ的VIP票價）。當然，周杰倫也可以請他的韓國粉絲來臺灣聽他唱歌，門票絕對比JYJ的便宜。（周杰倫要請我當「經濟人」——一種比經紀人還有智慧的人——嗎？）

03
景氣愈差，
娛樂消費支出愈多？

說到演唱會，會讓我聯想到一件事，當經濟不景氣時，演唱
會的行情會變差嗎？也就是說當經濟蕭條時，粉絲們還會
願意繼續掏錢買票進場，抑或是降低消費呢？這牽涉到一個問
題，當景氣變差時，通常一般人的可支配所得也會變少，這些可
支配所得，是否多分配至娛樂消費，如購買大型演唱會門票，或
者是多看幾場電影呢？

《Cheers雜誌》在第135期（2011年12月號）有一篇「賣CD
不如賣門票！演唱會經濟學」指出，美國《時代》雜誌(TIME)
曾經專文報導「演唱會經濟學」(Concert Economics)，在當期
的本文中提到，英國演唱會10年來的收入成長倍數為4倍，台灣
2009年售票演唱會的頻率是三天一場，美國2010年演唱會總收入
高達1,388億美元。另外，文章亦提到，消費者願意掏錢購買演
唱會門票的意願，完全不受經濟影響，文中舉一個案例，在美國
佛羅里達州失業率總是榜上有名的的奧蘭多市(Orlando)，2011年
11月一場為期二天的音樂節，票價高達新台幣5,000元，但這個

失業率總是榜上有名的州，卻湧現絡繹不絕的樂迷購票入場。

想必，大家一定有個疑問，為什麼經濟愈不景氣，娛樂事業卻可以蓬勃發展，消費者對娛樂消費出手的程度，絲毫不手軟呢？

五月天在2012年的5月（真的五月天）在大陸北京的鳥巢體育館，舉辦兩場「諾亞方舟」演唱會，不但刷清了鳥巢自建場以來的紀錄，創下了華語演唱會在中國大陸史上最多觀眾的輝煌成績。

另外一方面，老中青三代的「縱貫線Super Band」的演唱會，在全世界巡迴，售出約150萬張門票，巡迴場次超過50場，光是在中國大陸一地，就超過35場，據說是是華人史上一年內巡迴最多場次。

這是一個有趣的議題，景氣愈差，所得愈減，似乎沒有排擠到娛樂消費的支出，這又是怎麼一回事？難道消費者都不理性嗎？

說起來，在不景氣的年代裡，消費者愈想透過娛樂活動，讓自己從匱乏的現實環境中「逃脫」(Escape)，因此，經濟愈不景氣，演唱會等娛樂消費的需求愈有可能增加，然不能說消費者不理性，他們依然追求最大的效用。但消費者的行為，實在太像安徒生童話故事裡「賣火柴的女孩」(The Little Match Girl)──擦盡火柴來取暖。

在中國大陸的媒體[61]指出：「長沙現在的演出密度，幾乎跟

---

[61] 資料來源「演唱會成經濟寒冬裏的一把火 或是＂口紅效應＂顯現」，三湘都市報，2012年10月19日。

電影院裏換大片沒啥區別。」大陸媒體研究這種不景氣中，娛樂消費猛增的現象，在供給方形容是「出唱片賠錢用演唱會來貼補」，也就是說歌手出唱片根本不會賺錢，唱片公司只好多舉辦現場演唱會，想辦法「多賺一些」。但從需求端而言，是「經濟蕭條更能催火文化產業」。

　　大陸湖南商學院行銷系主任尹元元教授形容這種現象指出，一方面，演唱會是稀有的資源，比較容易獲得消費者追捧；另一方面，在經濟蕭條時期，市民無錢買房、買車，反而有了一些閒錢，自然帶動了演唱會的發展。

　　這說法其實很容易明白，當經濟不景氣時，消費者的可支配所得通常不會多分配至耐久型的資本財，反而會多了一些可支配的「閒錢」可以進行娛樂消費。然回到消費者行為上，也可以說是消費者企圖透過娛樂消費來暫時脫離生活的苦悶。

　　另外一方面，大陸溫州大學城市學院經濟學博士周成名教授認為，在經濟蕭條的時候，由於賺錢的機會變少了，消費者更願意進行娛樂休閒，美國好萊塢、百老匯在經濟蕭條期迅速崛起，均是因為經濟成本（這裡指的經濟成本應該是機會成本）較低。

　　當經濟不景氣，賺錢的機會少，導致時間的機會成本低的情況下，消費者進行於消費的機會成本低，更容易促進娛樂消費。

　　大陸媒體舉「口紅效應」(Lipstick Effect)來解釋這個現象，每當經濟不景氣，人們的消費就會轉向購買廉價商品，而口紅雖非生活必需品，卻兼具廉價和粉飾的作用，能給消費者帶來心理慰藉。

　　但我認為演唱會此等的門票價格，顯然非廉價商品，因此，

用「口紅效應」來解釋娛樂需求提高的現象，似乎很難解釋得通。我倒是比較能夠接受消費者因為時間機會成本低，想借由娛樂活動來短暫逃離現實罷了，但如此一說，似乎在經濟不景氣時，娛樂經濟的現象，就和毒品經濟一樣，消費者的需求很容易提高，但我並不是說娛樂經濟等同毒品經濟，只是說在效用上，兩者有雷同之處。

Statistic Brain針對美國2009年到2011年的演唱會售票收入進行統計，這三年的門票收入分別是52、45.3及50.1百萬美元，這當中我們可以發現，即使2009年仍受金融風暴的影響，但門票收入竟然是這三年中最高的，但平均的票價是最低的(USD62)。這可以說明，雖然消費者想逃離現實，但門票的價格還是「有彈性」的。

經濟不景氣，消費者會多消費演唱會門票，同樣的也會多看幾場電影。

圖44是1995年到2012年美國的電影票房統計，從柱狀圖可以

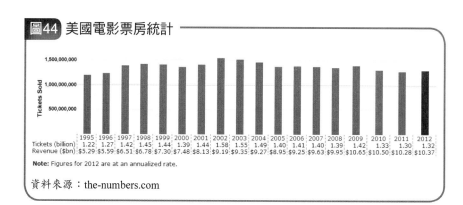

圖44 美國電影票房統計

	1995	1996	1997	1998	1999	2000	2001	2002	2003	2004	2005	2006	2007	2008	2009	2010	2011	2012
Tickets (billion)	1.22	1.27	1.42	1.45	1.44	1.39	1.44	1.58	1.55	1.49	1.40	1.41	1.40	1.39	1.42	1.33	1.30	1.32
Revenue ($bn)	$5.29	$5.59	$6.51	$6.78	$7.30	$7.48	$8.13	$9.19	$9.35	$9.27	$8.95	$9.25	$9.63	$9.95	$10.65	$10.50	$10.28	$10.37

Note: Figures for 2012 are at an annualized rate.

資料來源：the-numbers.com

得知，就在2008年金融風暴發生時，票房數據雖然和2007年不相上下，但2009年適逢金融風暴後竟然可以竄升到13.3億美元，顯見即使是經濟蕭條，美國人的電影娛樂消費不降反升。然當經濟開始復甦，票房收入又開始減少，是否可以說明是收入增加、失業狀況減少後，享受娛樂的機會成本變高，消費者分配到娛樂消費的支出就會變少呢？

如果從電影娛樂來看，Statistic Brain針對蝙蝠俠電影系列進行統計，在2012年發行的The Dark Knight Rises（黑暗騎士：黎明昇起）全球門票收入達10.8億美元，微幅領先2008年的The Dark Knight（黑暗騎士）的10億美元。這其中比較令人弔詭的是，即使2008年有金融風暴，但票房依然不受經濟蕭條影響，相對於2012年景氣暫時復甦，黑暗騎士前後集的票房仍是不相上下，且是當年電影票房的「冠軍」（如下表），遙遙領先第二名的鋼鐵人(Iron Man)達167%之多。

但巧合的是，「黑暗騎士」一開場的故事從小丑帶著手下搶了一家黑道的銀行開始，又談到華裔的黑幫銀行老闆洗錢的情結，票房的反應是不是來自於怨恨華爾街銀行家門的貪婪呢？而2012年的「黑暗騎士：黎明升起」，是否代表全球經濟景氣已經復見黎明了呢？（但2012年最賣最的電影是Marvel's The Avengers（復仇者聯盟），黑暗騎士：黎明升起居次）

表18 2008年電影票房統計

排名	電影名稱	發行日期	發行商	影片類型	電影分級	票房收益（美元）	銷售票數
1	黑暗騎士	Jul 18	Warner Bros.	Action	PG-13	$531,001,578	73,955,652
2	鋼鐵人	May 2	Paramount Pictures	Action	PG-13	$318,412,101	44,347,089
3	印地安納瓊斯：水晶骷髏王國	May 22	Paramount Pictures	Adventure	PG-13	$317,101,119	44,164,501
4	全民超人	Jul 1	Sony Pictures	Action	PG-13	$227,946,274	31,747,392
5	瓦力	Jun 27	Walt Disney	Adventure	G	$223,806,889	31,170,876
6	功夫熊貓	Jun 6	Paramount Pictures	Adventure	PG	$215,434,591	30,004,818
7	馬達加斯加2	Nov 7	Paramount Pictures	Comedy	PG	$177,016,810	24,654,152
8	暮光之城	Nov 15	Summit Entertainment	Drama	PG-13	$176,922,850	24,641,065
9	007量子危機	Nov 14	Sony Pictures	Action	PG-13	$166,820,413	23,234,041
10	荷頓奇遇記	Mar 14	20th Century Fox	Adventure	G	$154,529,439	21,522,206

資料來源：the-numbers.com

世足賽會造成全球經濟損失？

我 對運動比賽不太感興趣，基本上是認為離我的生活太過遙遠，且我對比賽的機制又不懂，要我觀看比賽，說實在話，我真的看不懂也聽不懂。但我會對運動經濟感到興趣，基本上我是認為這門科學是用經濟學的眼光看運動，離不開我的專業範疇，但也會為了瞭解運動經濟背後的操作模式，我也會逼自己好歹也把某些運動比賽的基本結構搞清楚。

　　為了飯碗與興趣，學什麼都快，這叫做「誘因學習[62]」（動機式學習）。因此，當我看了電影《魔球》(Moneyball)之後，有一陣子我對美國職棒大聯盟(Major League Baseball, MLB)的球員交易[63](Trade)制度感到有趣。後來林書豪熱一起，有一陣子我也

---

[62] 教育心理學認為，學習動機是推動學習活動的內在原因，是學習的強大動力，學習動機指的是學習活動的推動力，由各種不同的動力因素所組成，包含需要、信念、興趣、愛好或習慣等。

[63] 球員交易是職業運動的一種運作行為，算是一種以物易物的運作，指兩隊或多隊因為各自所需而將提出來作為籌碼的球員進行交換的行為，常見於職業棒球、職業籃球、職業足球、職業冰球、職業美式足球，而個

對美國職業籃球(National Basketball Association's, NBA)的球員交易感到熱衷，同時讓我知道一個球員的身價是如何計算的（包含他背後的商機，如族裔色彩）。還有一部電影《復仇者聯盟》(The Avengers)，這讓我在上管理學時，可以拿來談一談什麼是專案管理，專案團隊如何運作。

2010年世界杯足球賽(FIFA World Cup)開打時，我本只關心一件事，即是世足賽的經濟現象[64]，包含巫巫茲拉(Vuvuzela)與耳塞（因為巫巫茲拉太吵，耳塞需求大增）的商機，直到後來冒出來的德國章魚哥保羅(Paul)預測比賽的插曲成為新為媒體追逐的焦點後，我坦承，我的興趣有點失焦，開始注意起那隻章魚。

圖片來源：聯合知識庫

人性質的職業網球、職業高爾夫球等運動則沒有球員交易。（資料來源：維基百科http://en.wikipedia.org/wiki/Trade_(sports)）

[64] 2010年南非世界盃國際足聯頒出高達4億美元的總獎金給予各個球隊，開創了世界體育史最高獎金紀錄。而世界盃帶給主辦國的直接經濟效應更是立竿見影，早於1982年，西班牙因為主辦世界盃獲得高達63億美元的旅遊收入，2006年的德國世界盃更是為德國帶來110億美元至120億美元的直接經濟收入。（資料來源：維基百科，http://zh.wikipedia.org/wiki/世界盃足球賽）

世足賽全球經濟損失百億美元

一則新聞讓我揚起我的好奇心："The World Cup Will Be The Global Economic Losses Of At Least $ 10.4 Billion!"

世足賽有害經濟，易言之，這則新聞標題是這麼說的。

世足賽全球經濟損失百億美元？老實說，這個標題相當有意思，下得非常聳動，正因為過去經濟學家只探討世足賽「正面」的經濟現象，對於世足賽所帶來的「外部成本[65]」(External Cost)，經常是略而不談。所以，不能只單怪媒體胡亂瞎掰，語不驚人死不休，興許，我們該正視這個標題也說不定，尤其是歐盟，會不會是吹垮歐盟經濟的最後一根稻草呢？（事實上也不是）

光看標題，我就知道媒體所想表達的是世足賽所帶來的「外部成本」影響，也就是說當在電視中觀看世足賽的人數愈多，所帶來的經濟損失也就愈大。

這算是胡扯嗎？我覺得並不盡然。就像上一回我曾提到辦公室的辣妹引發男同事不安於工作，同樣也有外部成本的問題。同理可證，當愈多人不安於工作，心繫世足盃的結果時，以經濟產出來論，當然是產出低落。至於具體數字是多少呢？我也不知。

---

[65] 外部性(Externality)是指一個人的行為直接影響他人的福祉，卻沒有承擔相應的義務或獲得回報。外部成本(External Cost)是指某人的行為帶給他人或社會的經濟損失，並且行為人對其行為造成的損失沒有進行補償，或稱「外部不經濟」或「負的外部性」；反過來說即是「正的外部性」或「外部經濟」，指某人的行為帶給他人或社會的效用，而他人並沒有對行為人對其行為造成的效益支付任何費用。

但Newsweek[66]根據瑞士洛桑國際管理學院(International Institute for Management Development, IMD)的研究統計指出，南非世界盃賽事期間，只要參賽隊所在國家有一半的勞工觀看球賽，全球經濟將會因此損失至少104億美元，很有可能進一步加劇整個歐洲的經濟危機。

誇張嗎？也難說，說不定也是一隻黑天鵝[67]，還是一股蝴蝶的混沌效應[68]也說不定。但照理來說，理論上是說得通的，正因

---

[66] The World Cup's Bad Influence, World News, 2010.06.14, 參見網址：http://www.thedailybeast.com/newsweek/2010/06/14/soccer-s-bad-influence-on-brazil.html。

[67] 「黑天鵝效應」出自納西姆‧尼可拉斯‧塔雷伯(Nassim Nicholas Taleb)所著的《黑天鵝》(The Black Swan: The Impact of the Highly Improbable)，作者認為所謂黑天鵝，是指看似極不可能發生的事件，它具三大特性：不可預測性、衝擊力強大，以及一旦發生之後，我們會編造出某種解釋，使它看起來不如實際上那麼隨機，而且更易於預測。作者認為，黑天鵝潛藏在幾乎每一件事的背後——從宗教之興起，到我們個人生活中的大小事件。

[68] 氣象學家Edward Lorenz發現簡單的熱對流現象居然能引起令人無法想像的氣象變化，產生所謂的「蝴蝶效應」，維基百科這樣說明：
1961年冬季的一天，Edward Lorenz在電腦上進行關於天氣預報的計算。為了考察一個很長的序列，他走了一條捷徑，沒有令電腦從頭運行，而是從中途開始。他把上次的輸出結果直接打入作為計算的初值，但由於一時不慎，他無意間省略了小數點後六位的零頭，然後他穿過大廳下樓，去喝咖啡。一小時後，他回來時發生了出乎意料的事，他發現天氣變化同上一次的模式迅速偏離，在短時間內，相似性完全消失了。進一步的計算表明，輸入的細微差異可能很快成為輸出的巨大差別。這種現象被稱為對初始條件的敏感依賴性。在氣象預報中，稱為「蝴蝶效應」。
Edward Lorenz最初使用的是海鷗效應。
Edward Lorenz在1979年12月29日於華盛頓的美國科學促進會的演講提

為經濟學認為時間是一種資源，不是用來工作、歇息，就是拿來看賽事，總有資源的排擠效果，因此，看世足杯的機會成本即是工作的產出[69]（假使正在上班的話）。

至於是誰得利呢？媒體認為當然是主辦國南非。

當初分析師預估，為期一個月的這項運動盛事，在2010年可幫南非國內生產毛額 (GDP)增加大約0.5%，這包括軟硬體建設和各國足球隊與足球迷的消費貢獻。但我認為更應該去計算扣除實際投入成本後，名目上的賽事盈餘才會比較精確。

但事後根據英國媒體統計，這次世足賽南非砸下史上最高的35億美元舉辦，到會後竟還是負債累累，而實際的收益反而是被國際足總賺走了[70]，如果再計入外部成本，實際上主辦國因為世足賽所造成的淨收益，恐怕還須斤斤計較一番才有定論。

Newsweek這則新聞提到，世界盃32強所在國都在各自球隊比賽時，包括學校停課、銀行和其他機關提前關門，以便員工觀賽，這都是經濟損失。我猜，這和每個國家瘋足球的程度成正比。

我不瘋足球，基本上也沒電視可以看，大抵生活上只剩下對

到：「可預言性：一隻蝴蝶在巴西煽動翅膀會在德克薩斯引起龍捲風嗎？」

[69] 同理可證，當愈多人沉迷於買樂透彩券，經濟也可能產生損失，正因為彩金除了部分進了政府與系統業者的口袋外，只是在彩迷間重分配而已，並無生產價值，且無心工作和蹺班排隊也有損經濟產出。

[70] 有關於2010年南非世足賽所造成的負經濟問題，可以參見「國家的驕傲人民的幻想—沒有國籍的世足賽」一文(http://pots.tw/node/5389)。正面的討論，參見「世足賽為巴西帶來的經濟效益」(http://twbusiness.nat.gov.tw/epaperArticle.do?id=145195024)。

大多數人而言窮極無聊的經濟學（不知哪天，我可以變身成某集團的首席經濟分析師，有了不錯的名聲與收入，這時候就不會「窮」極無聊了），但我倒是可以嗅出這樣的分析其實言之有理。

根據瑞士洛桑管理學院的估計32個參賽國中，德國和墨西哥經濟受影響最大，損失17億美元；其次是巴西損失12億美元，阿根廷損失則為4.85億元，歐盟國家可能損失慘重，葡萄牙每個勞工在世界盃前3場比賽期間，平均每天至少損失32.4美元，這將讓葡萄牙的GDP明顯下滑。英格蘭隊小組預賽最後1場對斯洛維尼亞的比賽時間是英國下午3時，英國工人共找到3,185萬個完全不同的理由和藉口早退，目的就是為了看這場球賽幫英格蘭加油，英國經濟當然也受到了打擊。

世足賽經濟損失算一算

我根據IMF和CIA的資料做成表19，其中該國人數乃推估而成：

表19 2010年世界杯足球賽參賽國GDP一覽表

國別		2010年人均GDP(USD)	2010年GDP(Billion USD)	人口數
阿爾及利亞	Algeria	4,538.84	160.78	35,422,927
阿根廷	Argentina	9,131.33	369.99	40,518,961
澳洲	Australia	55,474.38	1,245.30	22,448,200
巴西	Brazil	11,088.73	2,142.90	193,250,264

國別		2010年人均 GDP(USD)	2010年GDP (Billion USD)	人口數
喀麥隆	Cameroon	1,100.09	22.47	20,423,784
智利	Chile	12,570.73	216.09	17,190,012
丹麥	Denmark	56,369.20	311.99	5,534,742
英國	England	36,371.26	2,263.10	62,222,205
法國	France	40,808.86	2,562.80	62,800,088
德國	Germany	40,197.67	3,286.50	81,758,470
迦納	Ghana	1,363.85	32.32	23,698,354
希臘	Greece	27,310.68	305.42	11,182,988
宏都拉斯	Honduras	1,907.36	15.35	8,046,200
義大利	Italy	34,154.38	2,060.90	60,340,724
象牙海岸	Ivory Coast	1,700.00	24.10	14,176,471
日本	Japan	43,014.38	5,488.40	127,594,539
墨西哥	Mexico	9,218.52	1,035.40	112,317,378
荷蘭	Netherlands	46,998.82	780.72	16,611,460
紐西蘭	New Zealand	32,225.99	140.79	4,368,741
奈及利亞	Nigeria	1,261.39	196.84	156,050,865
北韓	North Korea	1,800.00	26.50	14,722,222
巴拉圭	Paraguay	2,691.39	18.96	7,043,944
葡萄牙	Portugal	21,525.65	228.98	10,637,728
塞爾維亞	Serbia	5,141.72	38.03	7,396,358
斯洛伐克	Slovakia	16,049.85	87.24	5,435,253
斯洛維尼亞	Slovenia	23,281.55	46.99	2,018,465
南非	South Africa	7,270.80	363.48	49,991,060

國別		2010年人均GDP(USD)	2010年GDP(Billion USD)	人口數
南韓	South Korea	20,764.59	1,041.49	50,157,022
西班牙	Spain	30,333.75	1,395.00	45,988,379
瑞士	Switzerland	67,766.36	527.92	7,790,296
美國	United States	46,900.39	14,526.60	309,733,032
烏拉圭	Uruguay	11,741.70	39.41	3,356,584
總計		722,074.21	41,002.75	1,590,227,715

資料來源：IMF & CIA

　　根據上表的統計，參賽的32國中，當年的GDP總值為41,002.75Billion美元（1 Billion=10億），合佔當年全球GDP的65%，每人/年的GDP為722,074.21美元，而當年的賽程為30天（2010年6月11日至7月11日）。因此，假定這32個國家的每個人在賽程中，均請假不上班，這30天損失的GDP為33,700億美元，約是全球當年GDP的5%。（這部分也不計入非參賽國家球迷請假看球賽的損失，如臺灣，但主要工業國家都已經是參賽國，因此加計這部分的額外損失，應該也不會超過5%。）

　　當然，並非每個人都是球迷，而球迷也並非一定請假看球賽，因此，全球5%GDP的損失，只是一個理論的極限值，事實上並不會發生。

　　當年瑞士洛桑管理學院得出世足賽期間的經濟損失為104億美元，經反算之後得出，只要這些參賽國家每萬人只要5.71人不工作的話，大抵就是這個數字。但各國瘋狂的程度不一，德國和墨西哥經濟受影響最大，損失17億美元，換算來看，德國約是每

萬人中有6.29人不工作，墨西哥是19.98人不工作，看起來墨西哥人瘋世足賽的熱度，應該是舉世第一！

然實際上依據條件機率，以上的數值可能會更高一些，因為以上的推論的母體來自於參賽國的人口數，而比較精確的數字應該把母體改成是勞工數，於是乎，因是世足賽開打而怠工的人數，應該會比以上的數值高出很多。

以GDP估計世足賽的損失會被低估

以GDP來估計勞工瘋世足賽的怠工情況應該是低估很多的，但實際上應世足賽所造成的「生產損失」應該也是可以被計量的，但是否完全排擠GDP也非盡然如此，正因為勞工雖然不上班沒有產值，但世足賽期間的擴大消費也應該被計算進來，譬如說購買周邊商品、到酒吧消費等。因此，若完全計入GDP的話，也許損失的程度，應該沒有年瑞士洛桑管理學院所估計的104億美元這麼多，但也可能更高也說不定。

幾場球賽下來，大家不工作的經濟損失是百億美元，但贏球還好，可能有快樂的感覺，我認為這要算進收益，反之，輸球的感覺當然不爽，還是得加碼算成本，但贏球的只會有一隊。

因此，如果把快樂與痛苦的效益與成本算進來，結果又會有不同的結果，更精準一點還要加入外部性（包含正的外部性與負的外部性），而環境專家也會計較整個球賽對地球的環境損失，包含硬體建設、垃圾及球員與球迷因「移動」所產生的碳排放等。

所以，損益表採取的基準與方式不同，一場世足賽的經濟結

果，當然會有不同的解釋。

球賽結果猜一猜

諸位一定覺得經濟學家鐵定是吃飽閒閒沒事可幹，想必我也是其中之一（非經濟學家，僅僅是作家一個），才能寫出一些無聊透頂，但又無法發人深省的文章出來唬弄地球人類，娛樂自己。

不信邪的話，我倒是看到這篇文章"Economic Match-Ups of the 2010 FIFA World Cup[71]"，從總體經濟的迴歸方程式預測2010年世足賽的贏家是誰？（當屆冠軍是西班牙），我會覺得，很多時候不能單純用「價格因素」來計較，總有很多「非價格因素」的影響！

Danske Markets' Emerging Markets research group is also in on the World Cup handicapping action, taking a more traditional macroeconomics-based approach, utilizing factors like population size, income level, football history and tradition and the presence of "superstars"; players who "have the ability to decide a football match on their own" -- think Pele, Diego Maradona, or France's infamous head-butter Zinedine Zidane. (Perhaps this year, USA's Landon Donovan?) The main problem

---

[71] 原文出處：Kevin Depew, Economic Match-Ups of the 2010 FIFA World Cup, http://www.minyanville.com/businessmarkets/articles/soccer-match-fifa-world-cup-countries/6/9/2010/id/28671, Minyanville, Jun 09, 2010。

with the Danske report is that it contains equations like this:

The model is estimated using OLS and yields the following result:

Δ Goals = 0.18*Δ GDP/capita of US + 0.19*Δ Pop (100mill.) – 0.02*Δ Pop2 (100mill.)

+ 0.05*Δ WC participations + 0.17*Δ Ballon d'Ore nominee

– 0.01*Δ FIFA ranking + 1.12*Δ Host – 0.85*Δ Asia/Oceanic/North America

Their predicted outcome? Brazil. (This prediction is from the Emerging Markets group, remember.)

這公式包含了GDP、人口數、收入程度、足球歷史和傳統，以及超級球星，用最小平方法來迴歸出到底誰是贏家，預測的結果是巴西（僅踢入八強，總排名第六名），但實際上是西班牙才對！

這證明一件事，過去的結果永遠無法精準預測未來的事實，如相對論之父亞伯特‧愛因斯坦(Albert Einstein)的一句名言：「我們不能用昨日的思維來解決今日的問題。」(We can't solve problems by using the same kind of thinking we used when we created them.)

經濟學家所立的模型，永遠只是「假定其他條件不變」之下的結果而已，至於其他條件要是改變了，結果當然就在模型之外了。

Part 5 全球經濟學

01
各國勞動條件比一比

名目薪資比一比

　　薪資條件與勞動條件是每一個上班族皆關心也會相互比較的議題，但光看薪資條件其實很難比較出彼此之間的差異，因為這涉及到比較基準的問題，也就是說，在什麼樣的基礎之下，薪資條件可以一同比較。國際間的薪資水準，也只能比較名目薪資，更實際一點則比較實質薪資，但工作條件也很難取得一致性的基礎。

　　若比較名目薪資，行政院主計處有一份2001年起包含臺灣、日本、韓國、新加坡與美國「主要國家工業及服務業每月、週、時薪統計表」如下：

表20 各國薪資比較表

國別，單位及年月	中華民國	日本	韓國	新加坡	美國
	新臺幣元	千日圓	千韓元	新幣	美元
	月	月	月	月	時
2001	41960	351.3	1752.4	3134	14.54
2002	41530	343.5	1947.8	3158	14.97
2003	42065	341.9	2127.4	3213	15.37
2004	42685	332.8	2254.9	3329	15.69
2005	43163	334.9	2404.4	3444	16.13
2006	43493	335.8	2541.9	3554	16.76
2007	44414	330.3	2560.6	3773	17.43
2008	44424	331.3	2568.8	3977	18.08
2009	42176	315.3	2636.3	3872	18.63
2010	44430	317.3	2816.2	4089	19.07
2011	45642	316.8	2843.5	4334	19.47

資料來源：行政院主計總處

　　若不考慮各國之間的匯率與購買力平價這兩項因素，以2001年為基礎年（2001年＝100），將上表轉換成指數，可以發現一個事實，各國之間薪資的成長幅度，真的差異很大，尤其以韓國這十年來的薪資成長，呈現飛快的成長。

表21　各國薪資比較表（以指數表示，2001年＝100）

年度	中華民國	日本	韓國	新加坡	美國
2001	100	100	100	100	100
2002	99	98	111	101	103
2003	100	97	121	103	106
2004	102	95	129	106	108
2005	103	95	137	110	111
2006	104	96	145	113	115
2007	106	94	146	120	120
2008	106	94	147	127	124
2009	101	90	150	124	128
2010	106	90	161	130	131
2011	109	90	162	138	134

資料來源：行政院主計總處

圖45　各國薪資比較（2001年＝100）

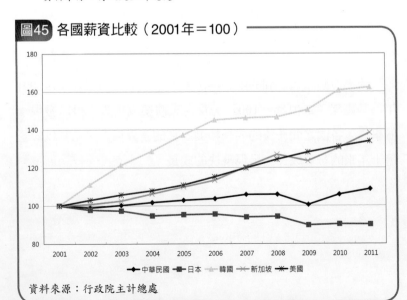

資料來源：行政院主計總處

從上圖中可以清楚見到一個趨勢，就名目薪資部分：

(1) 日本近十年來的薪資是開倒車，2011年的薪資幾乎只有2001年的90%；

(2) 臺灣約成長9%，稍有微幅成長；

(3) 美國與新加坡的成長幅度大約一致在34%~38%之間；

(4) 成長幅度最大的就是韓國，高達62%。

製造業條件比一比

臺灣製造業的成本在各國中是相對很低的。

根據美國勞工部最新發表之「2012年國際勞工比較」(Charting International Labor Comparisons, 2012 Edition)[72]，以製造業而言，僅考慮每小時的成本進行比較，由低往高進行排序，臺灣是有列入統計的國家中排名（由低至高）第6(USD8.36)，韓國排名第14位(USD16.62)，新加坡第15位(USD19.10)，日本第21位(31.99)。以臺韓之間的比較，臺灣的製造成本僅是韓國的50.3%，換句話是韓國製造成本幾乎是臺灣的兩倍。

比較2009年到2010年這兩年，在甫脫離金融海嘯之後，若以美元估算，臺灣製造業成本成長率為7.5%，韓國為14.5%，新加坡為8.9%，日本為5.4%，臺灣的製造業成本的增加率高於日本，然低於新加坡，遠低於韓國。這裡可以發現，當經濟開始復

---

[72] 美國勞工部最新發表之「2012年國際勞工比較」(Charting International Labor Comparisons, 2011 Edition)，網址請參見http://www.bls.gov/ilc/chartbook.htm。

圖46 製造業每小時成本比較圖（單位：美元）

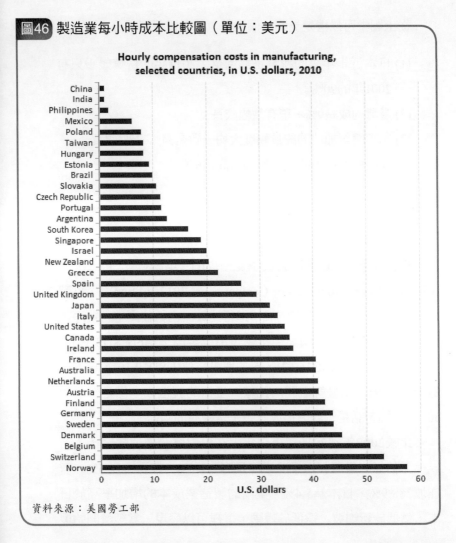

Hourly compensation costs in manufacturing,
selected countries, in U.S. dollars, 2010

資料來源：美國勞工部

　　甦的時候，臺灣製造業的成本增加率依舊是亞洲主要國家中，相
對是很低的，也僅僅高於日本而已，亦即說明，臺灣製造業的成
本，依舊是相對低廉的。

圖47 每小時製造成本成長率比較圖（單位：%）

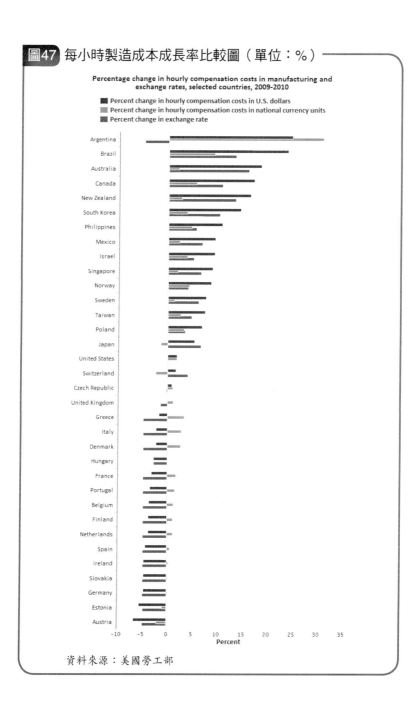

Percentage change in hourly compensation costs in manufacturing and exchange rates, selected countries, 2009-2010

■ Percent change in hourly compensation costs in U.S. dollars
■ Percent change in hourly compensation costs in national currency units
■ Percent change in exchange rate

資料來源：美國勞工部

圖48 製造業生產力成長比較圖

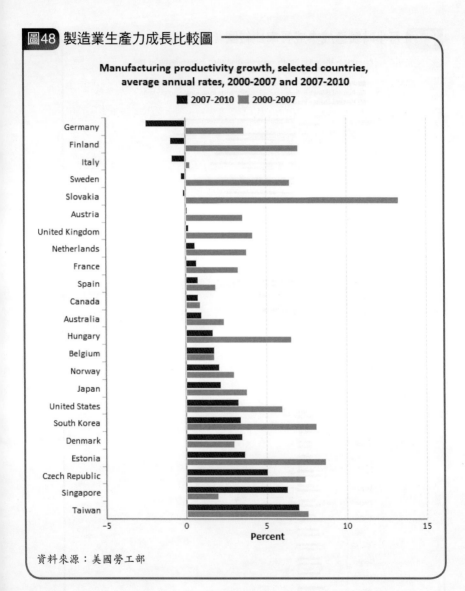

資料來源：美國勞工部

　　臺灣不僅製造業成本低，且生產力的狀況在亞洲主要國家中依然亮眼。

　　比較製造業生產力的成長狀況，臺灣在2007-2010年間為7%，稍微落後前一次（2000-2007年）的7.6%，韓國為3.4%（前一次為8.1%），新加坡為6.3%（前一次為2%），日本為2.2%（前一次為3.8%），這中除了新加坡的生產力有大幅提昇外，其他國家皆出現小幅度的衰退，然韓國則大幅度衰退。

　　但若比較產出的成長幅度，前一次的2011年版2007年2009年的統計調查指出，可能受金融風暴的影響，各國皆有幅度不等的衰退，臺灣亦不例外，出現小幅度的衰退，但唯獨韓國和以色列還有些微幅的成長。

　　在這一次2012年版的調查指出，臺灣的製造業的產出成長率已經提高到7%，在列舉的國家中排名第一，新加坡為6%居次，韓國為5.1%，日本則為-2.3%。

　　比較工作時間的成長率，在列舉的國家中，僅有韓國出現正成長，達1.7%，臺灣趨近於零成長為-0.1%，韓國人不愧是拚命阿里郎。

　　總的來說，臺灣的製造業生產環境是相對優良的，不僅製造成本低，但生產力與產出皆在領先地位，但單位勞力成本在成本結構中其實是衰退的，在這一次統計中衰退達-5.9%，為例舉的國家中幅度第一。

圖47 各國製造業產出成長率比較圖

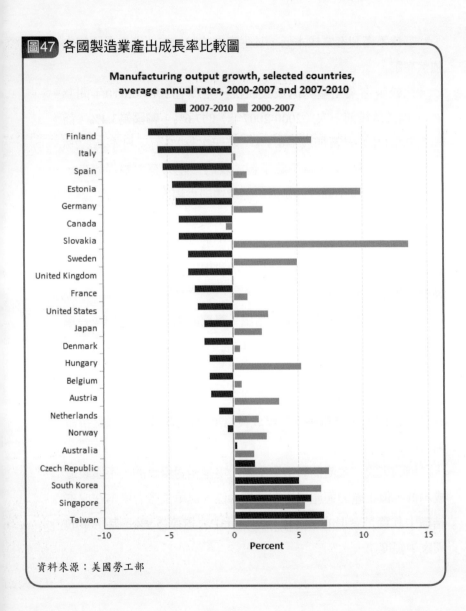

Manufacturing output growth, selected countries, average annual rates, 2000-2007 and 2007-2010

資料來源：美國勞工部

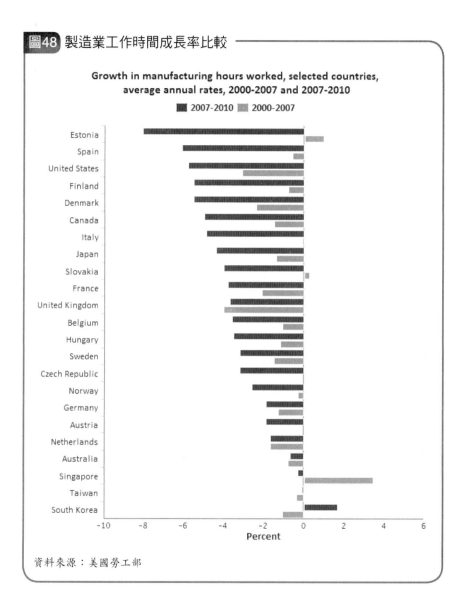

圖48 製造業工作時間成長率比較

Growth in manufacturing hours worked, selected countries,
average annual rates, 2000-2007 and 2007-2010

■ 2007-2010 ■ 2000-2007

資料來源：美國勞工部

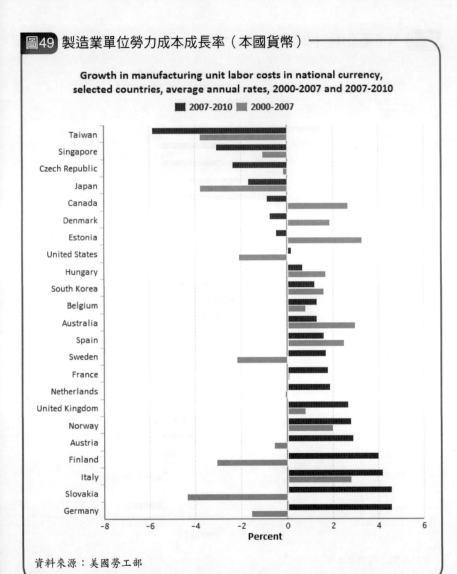

圖49 製造業單位勞力成本成長率（本國貨幣）

Growth in manufacturing unit labor costs in national currency, selected countries, average annual rates, 2000-2007 and 2007-2010

資料來源：美國勞工部

從美國勞工部的調查中，我想大家已經發現一個很弔詭的現象，就是以製造業而論，臺灣不僅產出高，生產力高，但成本卻低，而勞動成本卻處於衰退的地步，這是不是說臺灣的製造業的薪資結構，有意無意間以低成本的方式來取得競爭力呢？

各國生活成本比一比

瑞士銀行(UBS)每年都會公布一份報告 "Price and Earning-Acomparision of purchasing power around the globe"，在2012年版的的報告中，羅列了全球72個城市的調查資料，2012年版的內容還增加了iOS的APP(UBS Prics & Earnings)。為了可以在不同國家的城市中可以比較，UBS使同一種貨幣（美元）為計價單位，在一籃子商品（122種）中使用的歐洲人的消費習性（連iPhone都有），並依當地的購買價格依匯率轉換成美元。

2012年版的調查中，奧斯陸(Oslo)、蘇黎世(Zurich)和東京(Tokyo)是全球生活成本最昂貴的城市，生活成本最低的城市均在印度的德里(Delhi)和孟買(Mumbai)。

在這一次調查中，臺北市的生活成本若包含租金為63.8，不含租金為57.9，排名第42名（紐約＝100）。

亞洲主要城市還是以東京的生活成本最高，不含租金是紐約的108.9，其次才是香港為73.1。

表22 Harmoized index of consumer prices (HICP)

Type	Share
Food/groceries	14%
Beverages/tobacco products	5%
Hygiene and healthcare	8%
Clothing	7%
Household and electronic devices	10%
Home	10%
Heating/lighting	6%
Transportation	16%
Miscellaneous services	24%

資料來源：Price and Earning-Acomparision of purchasing power around the globe, Edition 2012

圖52 UBS Prics & Earnings iOS App

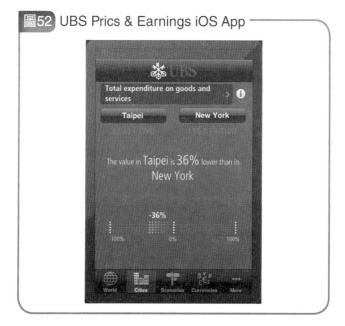

表23　瑞士銀行調查全球五大生活成本的城市列表

City	Excl. rent New York=100	Incl. rent New York=100
Oslo	116.0	104.5
Zurich	110.1	102.5
Tokyo	108.9	100.0
Geneva	106.5	96.8
Copehangen	100.9	88.8
New Yoyk	100.0	100.0

資料來源：Price and Earning-Acomparision of purchasing power around the globe, Edition 2012

表24　亞洲主要城市生活成本列表

City	Excl. rent New York=100	Incl. rent New York=100
Tokyo	108.9	100.0
Hong Kong	73.1	75.2
Seoul	67.8	66.3
Taipei	63.8	57.9
Beijing	60.3	51.8
Shanghai	56.1	49.6

資料來源：Price and Earning-Acomparision of purchasing power around the globe, Edition 2012

　　以薪資水平來計算，東京仍是亞洲最高的城市，達92.4，其次是韓國的首爾為54.8，臺北市的薪資水平約是紐約的三分之一。

表25 亞洲主要城市薪資水平列表

City	Gross New York=100	Net New York=100
Tokyo	92.4	90.4
Hong Kong	42.8	49.8
Seoul	54.8	50.2
Taipei	33.3	39.3
Beijing	17.0	18.0
Shanghai	20.9	21.6

資料來源：Price and Earning-Acomparision of purchasing power around the globe, Edition 2012

表26 亞洲主要城市購買力列表

City	Hourly pay gross N.Y=100	Hourly pay net N.Y=100	Annual income N.Y=100
Tokyo	84.8	83.0	80.9
Hong Kong	58.5	68.1	72.6
Seoul	80.8	74.0	78.2
Taipei	52.1	61.5	61.7
Beijing	28.3	29.9	28.2
Shanghai	37.3	38.4	36.6

資料來源：Price and Earning-Acomparision of purchasing power around the globe, Edition 2012

以購買力而言東京仍是亞洲第一，達84.8，臺北市在香港之後，排名第四，為52.1。

但我感到比較有趣的，是底下對於四項不同商品的比較，需要工作多久才可以買得到，其中還有蘋果電腦所推出的iPhone 4S 16GB，在臺北市需要工作79小時才買得起（約十天），在蘇黎世只要22小時就買得起。然比較起麥當勞的大麥克，雖然首爾的薪資比臺北高出甚多，但在臺北市享用大麥克所付出的相對代價，臺北人就小得多。

City	1Big Mac in min.	1kg og bread in min.	1kg rice in min.	1iPhone 4S 16GB in hrs.
Tokyo	9	15	15	35.0
Hong Kong	10	24	10	53.0
Seoul	17	14	10	56.0
Taipei	15	9	12	79.0
Beijing	34	28	16	184
Shanghai	29	43	9	142.0
New York	10	13	6	27.5

心理學家說，要節制消費最好用現金購物，而不是不要購物。這個理由很簡單，因為人類收到現金，大腦裡會有「快樂」的感覺，反之，若是從口袋裡掏錢出去，大腦卻會收到「痛苦」的信號。

1992年我服完兵役退伍，開始找到人生的第一份工作，初入社會的新鮮人，找到的是遠在一個城市外的大型超市理貨員，早上六點開始上班，要將一天內要陳列商品，在開始營業前從倉庫中扛貨到門市區上架妥當。我印象很深刻，那是一種幾近苦力的工作，憑著服義務役攢下來的薪水（當年上等兵一個月的待遇是4,200元），付完房租後到領到第一份薪水前，口袋裡只剩50元可用。直到隔月初領到的第一份薪水，用牛皮紙袋密封的薪資袋，現在回味一下，那種發薪的感覺其實很幸福，雖然只是微薄的薪水待遇（說是微薄，也和現在的基本工資不相上下），但厚實的薪水袋，代表我過去一個月辛勤工作的代價，得來其實不易。

　　發薪日當天，領薪後第一件事就是去文具店裡買來幾個標準信封袋，分別標註為「房租費」、「餐費」和「生活費」，房租費是固定日給的，餐費每餐固定是40元，一天三餐是120元（現在想起來，只能買一客麥當勞大麥克餐），一個月用31天計算，預算是3,720元，生活費的預算是3,000元，一個月的大小開銷剛好控制在10,000元出頭。

　　把預算放在信封袋裡，每當抽出鈔票時，心裡頭真的有痛的感覺，因為我知道每支用一張鈔票，我可用的額度就會減少，尤其是當月底前預算快用罄前，那種倒數的感覺，殺傷力真的很大。

　　在當年，快樂一日，卻得痛苦三十日的感覺，真的筆墨難以形容。臺灣人的高儲蓄率，也正是因為對未來的不確定性的「跨期消費」現象，也就是說今天少用一點錢，也許明天可以多用一點錢；今年少用一點錢，也許來年可以多用一點錢，只要不確定感愈高，儲蓄率就會愈高。

基本工資約佔平均工資四成

　　2011年1月1日起，臺灣的基本工資月薪已經由2010年的17,280元調升至17,880元，調幅3.47%，時薪由95元調升至98元。從邊際上來看，基本工資調高600元，平均每日多20元，時薪增加3元。評論上說，想透過調高基本工資來促使企業加薪，促進消費，但這樣的加薪幅度對於促進消費而言，也真的夠「杯水車薪」。然提到加薪，政府也希望透過公務人員加薪來促使民間企業有加薪的背景依據，但是民間企業還是不買政府的帳，一

表27 歷年基本工資表

日期	基本工資	調整比率	增加金額	製造業與服務業平均薪資	基本工資佔平均工資比例
1988.06.28	8,130	17.82%	1,230	18,399	44.2%
1989.06.26	8,820	8.49%	690	21,247	41.5%
1990.07.25	9,750	10.54%	930	24,317	40.1%
1991.08.01	11,040	13.23%	1,290	26,881	41.1%
1992.08.01	12,365	12 %	1,325	29,449	42.0%
1993.08.16	13,350	7.96%	985	31,708	42.1%
1994.08.01	14,010	4.94%	660	33,661	41.6%
1995.08.01	14,880	6.20%	870	35,389	42.0%
1996.09.01	15,360	3.20%	480	36,699	41.9%
1997.10.16	15,480	3.10%	480	38,489	40.2%
2007.07.01	17,280	9.09%	1,440	44,414	38.9%
2011.01.01	17,880	3.47%	600	45,642	39.2%
2012.01.01	18,780	5.03%	900	—	—

資料來源：行政院主計總處

份2011年1月份民間網路人力銀行業者對人力資源主管的問卷調查指出，當政府喊得震天響，希望企業加薪的同時，竟然高達69%的企業在2011年不會加薪。

上表為歷年基本工資的調整經過，至1997年前，基本工資皆是年年調整，之後到2007年的十年間，基本工資皆未再調整，以基本工資佔製造業與服務業整體的平均工資而言，在1997年前約在40%以上，但最近兩次的調整已經低於40%，分別是38.9%和

39.2%

也就是說，政府希望公務人員加薪尚未定案，民間企業卻已經有了腹案，民營企業要加薪——真的很難。

換句話說，薪資所得增加的快樂感不會有了，但物價飛漲，從口袋裡掏更多現金的痛苦感覺，越是與日俱增，這種「有感」當然是「痛苦」的感覺。

二十年來薪資只成長50%

為了瞭解上班族的薪資（包含平均薪資與經常性薪資）的成長趨勢，我從主計處的網站取得「受僱員工薪資調查統計」，為了映對自己的工作年資，資料從民國81年（1992年）我退伍那年開始統計到民國91年（2012年），試圖瞭解一下這二十年來上班族的薪資變化趨勢（如圖53）。

從「臺灣受僱員工薪資調查統計」圖中可以瞭解到，近二十年來，臺灣勞工的薪資雖有起伏，然大致上是有成長的趨勢，民國81年的平均薪資是29,449元，經常性薪資為23,914元。相較於二十年前，到民國100年，平均薪資成長55%，到45,642元，經常性薪資則成長54%，到36,803元。

二十年來薪資成長50%，算是有感成長嗎？印象中，初入社會第一份薪水約是15,000元，對比一下當年的經常性薪資，雖不滿意，但還能夠接受，圖個溫飽絕對沒有問題。

薪資即將零成長？

如果，我們把圖53的薪資數轉成圖54的薪資成長率時，其

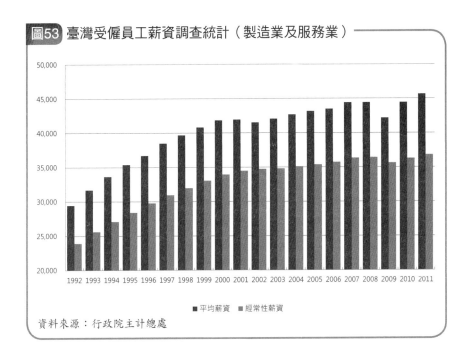

圖53　臺灣受僱員工薪資調查統計（製造業及服務業）

■平均薪資　■經常性薪資

資料來源：行政院主計總處

實會發現這二十年來的薪資成長率簡直如溜滑梯般的每下愈況
（2010年出現大幅成長的原因為2009年受金融風暴影響平均薪資
下降，基期過低的結果）。

　　所以，這二十年來，我們的薪資是成長的，但是成長的幅度
似乎不怎麼讓人滿意，甚至，從趨勢來看，未來這幾年我們的薪
資成長率似乎即將貼近「零成長」，這怎麼會令人安心呢？

　　薪資成長率如溜滑梯般的逐年下降，若是，把每年的物價成
長率相較一下，更可以知道，即使薪資成長率如溜滑梯般的下
降，若是還能超過物價成長率，大抵還說得過去。

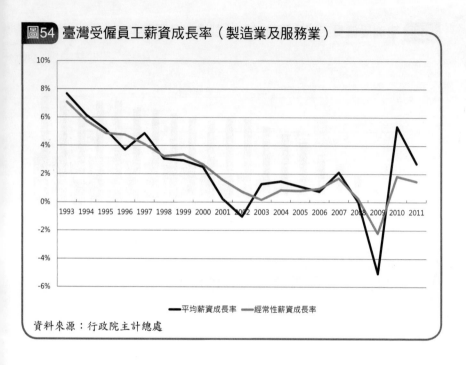

圖54　臺灣受僱員工薪資成長率（製造業及服務業）

資料來源：行政院主計總處

　　如圖55所示，2003年以前，薪資成長率尚能夠超過物價成長率，但在2004年到2008年之間，平均薪資的成長率落後於物價成長率，代表所得幾乎是負成長。但在2011年，經常性薪資的成長率幾乎等於物價成長率，也就是說幾近於薪資「零成長」。

　　若是要知道「實質薪資」在這二十年來的消長幅度，可以透過這個公式來判斷：

實質薪資＝（計算期之名目薪資/計算期消費者物價指數）*100

　　調整後的實質平均薪資在2011年為42,756元，實質經常性薪資為34,469元，倒退到1998年的幅度，也就是說實質的薪資收入

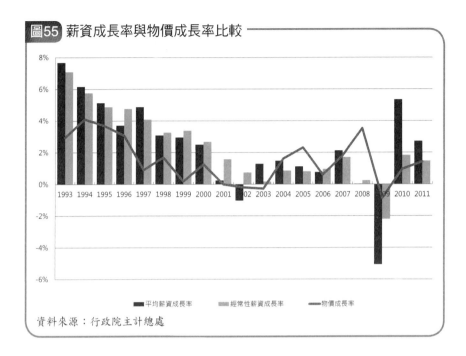

圖55　薪資成長率與物價成長率比較

■平均薪資成長率　　■經常性薪資成長率　　—物價成長率

資料來源：行政院主計總處

和十四年前差不多，易言之，我們的所得程度不僅停滯，而且還落後十四年之多（如表28）！

　　圖56可以很清楚看出，在2000年以前薪資的成長幅度其實是超過物價成長率的，但從此以後，薪資的成長率狀況經常落後於物價成長率。在2004年到2009年之間的六年，除了2006年之外，實質薪資皆是負成長，但在2011年，經常性薪資的成長率又出現「負成長」。

表28　近二十年實質薪資列表

年度	平均薪資	經常性薪資	物價指數	實質平均薪資	實質經常性薪資
1991	26,881	22,039	77.18	34,827	28,554
1992	29,449	23,914	80.63	36,523	29,659
1993	31,708	25,610	83.00	38,201	30,854
1994	33,661	27,085	86.41	38,956	31,346
1995	35,389	28,407	89.58	39,506	31,712
1996	36,699	29,761	92.33	39,747	32,232
1997	38,489	30,979	93.17	41,312	33,251
1998	39,673	31,989	94.73	41,879	33,767
1999	40,842	33,068	94.90	43,037	34,845
2000	41,861	33,953	96.09	43,565	35,335
2001	41,960	34,489	96.08	43,670	35,895
2002	41,530	34,746	95.89	43,311	36,236
2003	42,065	34,804	95.62	43,990	36,397
2004	42,685	35,101	97.17	43,930	36,125
2005	43,163	35,386	99.41	43,421	35,598
2006	43,493	35,728	100.00	43,493	35,728
2007	44,414	36,335	101.80	43,629	35,693
2008	44,424	36,423	105.39	42,153	34,561
2009	42,275	35,692	104.47	40,466	34,165
2010	44,536	36,343	105.48	42,224	34,457
2011	45,749	36,874	106.98	42,765	34,469

資料來源：行政院主計總處

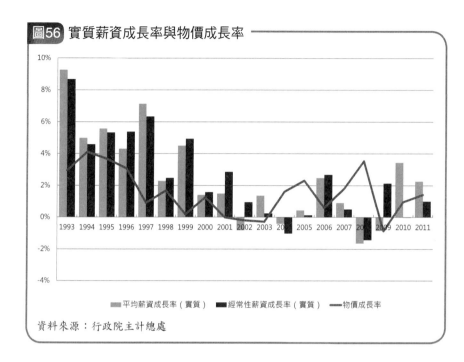

圖56　實質薪資成長率與物價成長率

平均薪資成長率（實質）　　經常性薪資成長率（實質）　　物價成長率

資料來源：行政院主計總處

臺灣勞力成本真的夠便宜

　　很多人說臺灣的勞力成本真的很便宜，這句話的意思是說同樣生產一單位的良品中所含的勞力成本很低，也就代表臺灣勞工的生產力高，但勞力成本指數很低。下表是行政院主計總處所提供的工業部門「產量生產力統計」，其中以2006年為基礎年(100)，是符合上述這種說法的。

表29　工業部門生產力統計（2006年為基礎年）

年度	勞動生產力指數	單位產出勞動成本指數
1992	48.50	120.30
1993	50.36	124.13
1994	52.23	127.17
1995	56.17	125.59
1996	59.28	124.67
1997	62.55	123.01
1998	66.06	122.55
1999	70.23	118.94
2000	74.34	116.02
2001	77.09	119.50
2002	83.40	108.56
2003	88.71	104.64
2004	92.57	101.64
2005	96.27	101.63
2006	100.00	100.00
2007	106.79	95.32
2008	105.68	97.37
2009	106.34	91.00
2010	124.02	80.02
2011	128.19	80.99

資料來源：行政院主計總處

為了和薪資指數進行比較（1992年為基礎年＝100），將上表調整為下圖：

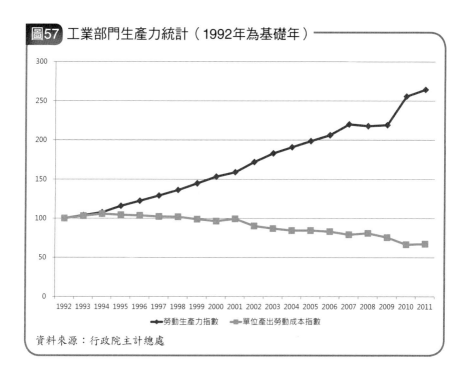

圖57 工業部門生產力統計（1992年為基礎年）

資料來源：行政院主計總處

調整後可以發現，以勞動生產力指數比較，2011年為1992年的2.64倍，但單位產出勞動成本指數卻僅有1992年的67.32%。

指數化後有一個好處，就是可以在同一基礎上看看臺灣勞工的生產力、單位產出的勞力成本和薪資進行比較。

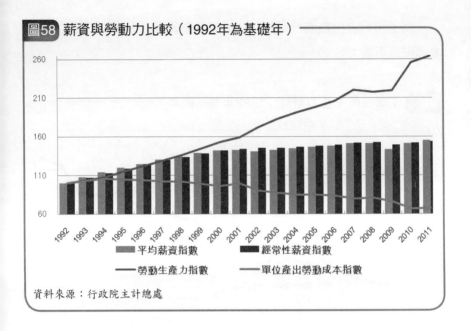

圖58　薪資與勞動力比較（1992年為基礎年）

■ 平均薪資指數　　■ 經常性薪資指數
── 勞動生產力指數　── 單位產出勞動成本指數

資料來源：行政院主計總處

　　從上圖來看，臺灣勞工的薪資與生產力的比較，答案已經呼之欲出，也就是說在1997年前，薪資與生產力大致上是一致的，但勞動成本指數1999年後開始低於100，代表勞工的生產力大幅領先薪資，而自1999年後臺灣的勞力成本比1998年前還相對便宜，這印證了一個事實，臺灣勞工的生產力高，但薪資相對是便宜很多，更印證另一個事實：當經濟愈成長，勞工生產力愈高，生產成本愈低，但薪資卻相對不升反降！

家戶所得倒退十年

　　口袋裡的現金，是幸福與安定的穩定因素，中國人說貧賤夫妻百事哀，有錢可以行遍天下，沒錢卻也寸步難行，而事實上

在臺灣的家戶所得，卻是倒退了十年，在2009年只有887,605元比起1999年的889,053元還低上1,448元，在不計入物價膨脹的因素，十年後的幸福感，絕對不會比十年前幸福。

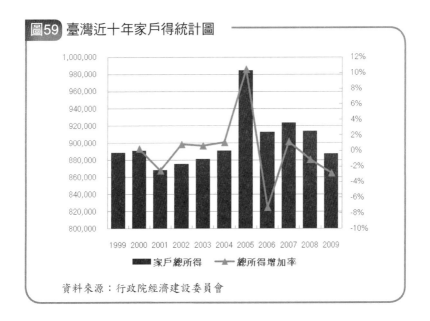

圖59 臺灣近十年家戶得統計圖

資料來源：行政院經濟建設委員會

　　從上面這個統計圖可以很清楚的了解到一件事，近十年來的平均家戶所得並沒有出現逐年增加的趨勢，在2006年的家戶所得跌幅更是高達-7.26%，雖在2007年回升，但又碰到全球金融風暴，開始迅速滑落。也就是說臺灣躲過亞洲金融風暴沒多久，都還沒有療傷止痛度過復原期，馬上又遭遇全球金融風暴，真的是屋漏偏逢連夜雨。

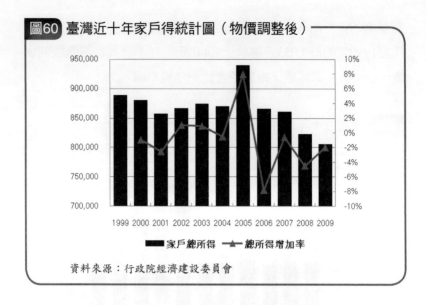

圖60 臺灣近十年家戶得統計圖（物價調整後）

資料來源：行政院經濟建設委員會

　　物價，是不可能逐年變便宜的，除非遇到通貨緊縮。假使，加入歷年來物價調漲的因素，1999年到2009年的家戶平均所得，則會出現更加戲劇性的結果。上圖是加計物價因素之後調整實際家戶所得統計圖，大體上和名目的家戶平均所得略同，但如果對照1999年和2009年的所得比，2009年的家戶平均所得僅有1999年的90.7%水準，然在未調整前是99.8%，所得幾乎低降低了一成。

　　十年來，非但名目家戶平均所得沒有成長，更遺憾的是，加進物價因素調整後，甚至還出現落後一成的結果，對應出政府喊出的黃金十年，怎麼振興經濟提高所得，才是正本清源的對策。

經濟成長，所得成長無感

從所得成長來看，過去十年真是黑暗十年，家戶平均所得毫無成長，那麼對照GDP成長率呢？若是出現經濟成長，家戶平均所得卻沒成長，到底，經濟的復甦到底出現在哪裡呢？

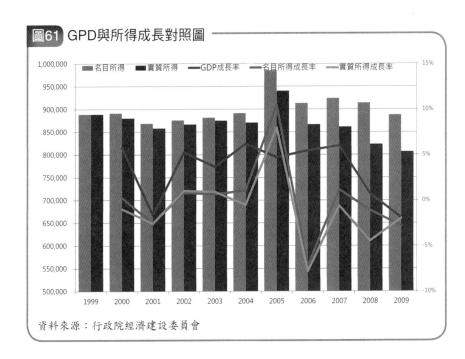

圖61 GPD與所得成長對照圖

資料來源：行政院經濟建設委員會

從上圖可以了解到，自1999年以後到2009年的十年之間，雖然在2009年GDP成長率是-1.93%，和名目家戶平均所得成長率(-1.93%)，及實際家戶平均所得成長率(-2%)對照來說相異不大，在這十年中只有在2005年平均家戶所得的成長率高過GDP成長率5%，其餘各年均遠遠落後GDP成長率，甚至在2006年暴落了

12.7%之多，這讓人不禁想要問，到底經濟成長的果實是誰在享受？為何沒有落實到所得的增長呢？

　　這是一件很弔詭的事，所得的成長率均落後經濟成長率，正代表當經濟成長後，臺灣的上班族辛勤工作並沒有享受到應有的待遇，當中的理由正是上班族的薪資是被嚴重低估，而超高的生產力，完完全全貢獻到經濟生產，這難道不是一件很不公平的事嗎？

　　就在2011年1月1日開始，臺灣的基本工資由去年的17,280元調升至17,880元，調幅3.47%，只調升了600元，企業界一片撻伐聲，說會提升生產成本，但臺灣已不再是勞動力密集的產業型態，工資只佔生產成本的一小部分，更何況調升的只是「基本工資」，而不是「全面調整」工資，真實的薪資資本根本不及3.47%，相較於中國大陸十二五計畫的收入倍增計畫，基本工資的調漲動輒都是15%到20%，2012年到2015年，每年至少還會調漲15%，臺灣基本工資調漲3.47%，看來真是「和緩」多了。

貧富差距愈來愈大

　　當所得增加的幅度遠低於經濟成長的幅度時，又如何能「有感復甦」呢？

　　從所得資料還可以分析五等分位家庭平均每年每戶之可支配所得比，也就是把最高所得的那一組和最低所得那一組相較之下的倍數比，可以用來評估所得分配的情況，分析有無貧富差距過大的問題，正因為只要社會上貧富差異過大，很容易肇生社會上貧富階級的對立，造成社會的不安，但很遺憾的，近十年來臺灣

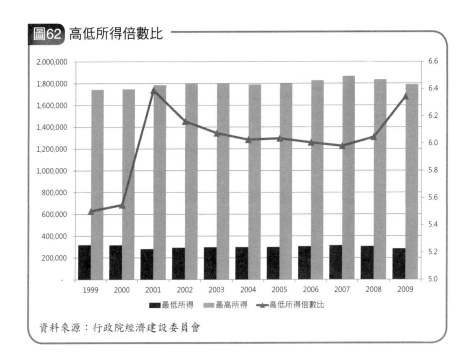

圖62 高低所得倍數比

資料來源：行政院經濟建設委員會

的貧富差距，正在逐漸擴大中，也就是貧者愈貧，富者愈富。

從行政院經濟建設委員會公布的最新資料來看，2000年臺灣的所得倍數比到達近十年的高點6.39倍，後來逐年降至2007年的5.98倍，在2009年又攀升至6.34倍幾乎又達到十年內的高點。

2009年，名義上是全球金融風暴解除了，各國經濟開始走上復甦之路，但臺灣的高所得家庭，雖然絕對值的收入並未回復至金融風暴前的高點，但相對所得卻幾乎達到十年的高點，十年內所得比的雙峰現象，正是臺灣所得分配開始不均，高所得者歷經金融風暴之後迅速復原，但低所得者還陷在泥沼裡。

圖63 高低所得倍數比與所得增長率

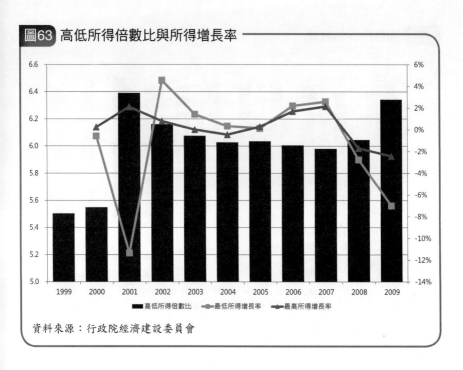

■高低所得倍數比　■最低所得增長率　▲最高所得增長率

資料來源：行政院經濟建設委員會

　　從上圖的所得倍數比和所得增長率來分析，可以很清楚的
發現在2001年最高所得組遠遠高於最低得組，相對差異值高達
13.46%，然後逐年縮小差距。然而，就在2008年開始到2009
年，所得成長率的差異值又來到4.57%。雖然說高低所得兩組的
平均家戶所得均沒有正的增長，但所得增長的差距擴大，尤其是
最低一組的所得縮減幾乎是十年來的第二低，陡峭的下滑曲線代
表即使走過金融風暴，經濟開始復甦時，高所得戶的所得縮減開
始緩和，但最低所得者卻毫無緩和的機會，兩者的差距再度於
2009年後擴大。

　　臺灣這種貧富差距的特色，透過景氣的榮枯可以很快明瞭到

一件事，就是低所得者的收入彈性遠低於高所得者，易言之，即是低所得者即使面臨到景氣復甦，也無法快速享受到復甦的果實，甚至愈陷愈深。相對的，高所得者對於景氣的榮枯所表現的彈性就高出許多，而且受損程度不高，而待景氣復原時，即又迅速搭上景氣復甦的列車，所得開始增長。

　　從上圖的折線圖即可以看出來，低所得者的所得是相當的不穩定的，而高所得者的收入就穩定許多，從統計上的標準差(Standard Deviation)就可以得知這樣的推測結果。正因為標準差是衡量一組數值自平均值分散開來的程度，一個較大的標準差，代表大部分的數值和其平均值之間差異較大；一個較小的標準差，代表這些數值較接近平均值。在這十年當中，高所得組的所得變動標準差是1.45%，而低所得者的標準差是4.58%，兩者相較之下超過三倍，這個結果和上述的推論是相符的。

　　從以上的分析來看，經濟成長與復甦之後，低所得者非但沒有享受到經濟成長的果實，還更陷入了貧者愈貧，富者愈富的境地了。

五南文化廣場
橫跨各領域的專業性、學術性書籍
在這裡必能滿足您的絕佳選擇!

五南全國展售門市

【逢甲店】

【台大店】

【嶺東書坊】

【海洋書坊】

【環球書坊】

【台中總店】

【高雄店】

【屏東店】

海洋書坊：202 基 隆 市 北 寧 路 2號 TEL：02-24636590 FAX：02-24636591
台 大 店：100 台北市羅斯福路四段160號 TEL：02-23683380 FAX：02-23683381
逢 甲 店：407 台中市河南路二段240號 TEL：04-27055800 FAX：04-27055801
台中總店：400 台 中 市 中 山 路 6號 TEL：04-22260330 FAX：04-22258234
嶺東書坊：408 台中市南屯區嶺東路1號 TEL：04-23853672 FAX：04-23853719
環球書坊：640 雲林縣斗六市嘉東里鎮南路1221號 TEL：05-5348939 FAX：05-5348940
高 雄 店：800 高 雄 市 中 山 一 路 290號 TEL：07-2351960 FAX：07-2351963
屏 東 店：900 屏 東 市 中 山 路 46-2號 TEL：08-7324020 FAX：08-7327357
中信圖書團購部：400 台 中 市 中 山 路 6號 TEL：04-22260339 FAX：04-22258234
政府出版品總經銷：400 台 中 市 軍福七路 600號 TEL：04-24378010 FAX：04-24377010
網 路 書 店　http://www.wunanbooks.com.tw

專業法商理工圖書‧各類圖書‧考試用書‧雜誌‧文具‧禮品‧大陸簡體書
政府出版品總經銷‧中信圖書館採購編目‧教科書代辦業務

五南圖解財經商管系列

※ 最有系統的圖解財經工具書。
※ 一單元一概念，精簡扼要傳授財經必備知識。
※ 超越傳統書籍，結合實務精華理論，提升就業競爭力，與時俱進。
※ 內容完整，架構清晰，圖文並茂‧容易理解‧快速吸收。

財務報表分析
/ 馬嘉應

圖解會計學
/ 趙敏希、
馬嘉應教授審定

圖解經濟學
/ 伍忠賢

圖解財務管理
/ 戴國良

圖解行銷學
/ 戴國良

圖解管理學
/ 戴國良

圖解企業管理 (MBA學)
/ 戴國良

圖解領導學
/ 戴國良

解國貿實務
/ 李淑茹

圖解國貿實務
/ 李淑茹

圖解人力資源管理
/ 戴國良

圖解物流管理
/ 張福榮

圖解策略管理
/ 戴國良

解網路行銷
/ 戴國良

圖解企劃案撰寫
/ 戴國良

圖解顧客滿意經營學
/ 戴國良

圖解企業危機管理
/ 朱延智

圖解作業研究
/ 趙元和、趙英宏、
趙敏希

博雅文庫 013

經濟學下午茶

作　　者	鍾文榮
發 行 人	楊榮川
總 編 輯	王翠華
主　　編	張毓芬
責任編輯	侯家嵐
文字編輯	錢麗安
封面設計	盧盈良
排版設計	張淑貞
出 版 者	五南圖書出版股份有限公司
地　　址	106台北市大安區和平東路二段339號4樓
電　　話	(02)2705-5066
傳　　真	(02)2706-6100
劃撥帳號	01068953
戶　　名	五南圖書出版股份有限公司
網　　址	http://www.wunan.com.tw
電子郵件	wunan@wunan.com.tw
法律顧問	林勝安律師事務所　林勝安律師
出版日期	2013年2月初版一刷
	2014年1月二版一刷
定　　價	新臺幣330元

本書前一版為《上班族經濟學》

國家圖書館出版品預行編目資料

經濟學下午茶／鍾文榮著. — 二版. — 臺北
市：五南，2014.1
　面；　公分

ISBN 978-957-11-7428-0（平裝）

1.經濟學　2.通俗作品

550　　　　　　　　　　　　102023683